セレクション社会心理学— 26

集団行動の心理学

ダイナミックな
社会関係のなかで

本間道子 著

サイエンス社

「セレクション社会心理学」の刊行にあたって

近年、以前にも増して人々の関心が人間の「心」へ向かっているように思えます。「心」の理解を目指す学問領域はいくつかありますが、その一つ社会心理学においては、とくに人間関係・対人関係の問題を中心にして刺激的な研究が行われ、着実にその歩みを進めています。

従来から、これらの研究を広く総合的に紹介する優れた本は出版されてきましたが、個々のトピックについてさらに理解を深めようとしたときに適切にその道案内をしてくれるシリーズはありませんでした。こうした状況を考慮し、『セレクション社会心理学』は、社会心理学やその関連領域が扱ってきた問題の中から私たちが日々の生活の中で出会う興味深い側面をセレクトし、気鋭の研究者が最新の知見に基づいて紹介することを目指して企画されました。道案内をつとめるのは、それぞれの領域の研究をリードしてきた先生方です。これまでの研究成果をわかりやすいかたちで概観し、人間の「心」について考える手がかりを与えてくれることでしょう。

自ら社会心理学の研究を志す学生の皆さんだけでなく、自己理解を深めようとしている一般の方々にとっても大いに役立つシリーズになるものと確信しています。

編集委員　安藤清志　松井　豊

はじめに

集団心理学の古典的名著『グループダイナミックス』のなかで、カートライトとザンダー（一九五八）は次のように述べています。

「もし火星人がいて、そこから地球という星を眺めたら、地球人はなんと寄り集まることが好きな生き物だろうと思うに違いない。家族という集団のなかで子供を育てることから、学級集団で学び合い、友人仲間と集い、時には争い、職場で同僚と共同で仕事をこなし、スポーツ競技で楽しみを分かち合うことまで、さまざまな場面で人は寄り集まって生きている」

（カートライトとザンダー編　三隅二不二訳編『グループダイナミックス』より）

火星人でなくても、ちょっと自分の生活を振り返れば、私たちが実に多くの集団をつくり、それに属していることに驚かされるでしょう。私たちは家族、仲間、職場の仕事、プロジェクトチーム、地域の集まり、ボランティア活動、会議、と多くの集まりのなかで生活しているからです。人は集団をつくり、そのなかで友好を育み、いがみ合い、あるいは協力し合い、反発し合い、そして協働して暮らしています。

一方、人の集まりを「集団」とよぶと、愚民、烏合の衆、迎合など、あまりかんばしくないイメージを抱かれることもあります。このような集団の両価性は、いつも人々のなかにあります。個人が集団とどのような関係を築けばよいか、どう折り合いをつけるか、一人ではままならないことを集団を通してどう達成するかなど、集団との付き合い方は一人ひとりのあり方、社会のあり方を反映してさまざまに存在します。そして個人・集団の関係が賢くなるかどうかでよし悪しが決まります。では、このような集団の知恵はどうしたら生まれるのでしょうか。

集団の持つこのような両価性を踏まえ、集団を通して、そのなかの個人個人（メンバー）に焦点を当て、そこでの人の情動・認知・態度・思考そして行動を理解し、説明する心理学として、集団心理学あるいはグループ・ダイナミックスがあります。集団との関係は、私たちの生活に密接に絡まったものであるだけに、実はすでにギリシャ時代には人々の興味を引いていました。また、一九世紀中葉に近代心理学が始まり、一八九八年に社会心理学ではじめての実験が行われましたが、その内容は、集団での作業のほうが一人での作業より促進されるという、いまでいう社会的促進現象を扱ったものでした。このように歴史的に見ても、人々の集まりと個人がいかに影響を及ぼし合うのかということが関心を集めてきたのです。

本書では集団という人々の集まりが、それを構成するメンバー（成員）にいかなる影響を与え、また、メンバーから与えられ、それがどのように説明され、現実の集団に対応するのかを社会心理学の視点から述べます。これまで明らかにされてきた集団研究の成果が、それぞれ自らに関わる集団を理解するための、そして集団を望ましい方向へと導くためのヒントになればと思います。

目　次

2

目　次

目　次

目　次

5

目　次

1・「集団」をとらえる――基本的枠組み

●集団のとらえ方――多様な定義

「集団」あるいは「グループ」といっても、私たちの周囲には、家族、学級、職場、サークル、会議、仲間、プロジェクトチーム、ボランティアグループ、自助グループなど、多種多様なものがあります。それを「集団」として定義することは、実は難しいことです。その難しさの理由の一つに多種多様な集団を一定の基準で内包することへの困難さがあります。それに加えて、集団といえる基本的要素とは何かとなると、研究者や集団を理解する理論により異なるからです。そのため、集団とは何かを規定するために多様な定義が提示されてきました。

もっとも狭義の定義は、「二人またはそれ以上の人々から構成され、それらの人々の間に相互作用やコミュニケーションがみられ、なんらかの規範が共有され地位や役割関係が成立し、外部との境界を設定して一体性を維持している人々から成る社会的ユニット」(『心理学辞典』、平凡社、一九八一)です。この定義に従えば、集団を構成する人々(成員)であるメンバーとノンメンバーの境界は明確です。集団の活動方向としての目的も明確で、メンバー同士の関係はそれぞれに影響を及ぼし合い、そして相互作用の過程でメンバーの役割関係が生じ、構造化されます。狭義における「集団」としての要素はこの構造化です。スポーツ、プロジェクトチームなどの「チーム」がその典型といえるでしょう。

他方、もっとも広義なものは、タジフェル(一九八一)による、「二人あるいはそれ以上の個人が自分を同じ社会的カテゴリーの成員であると知覚するとき、集団として認識する」という定義です。この社会的カテゴリーについては本章(10頁)で説明しますが、簡単にいうと自己と他者を隔てている枠組み(範疇)のことです。この場合、集団はカテゴリー化によって形成されるので、個々人の認知レベルから自分が属している集団は主観的に認識されるものとなります。カテゴリー化によって分化した集団は個人内の認知的な視点から他者関係に関わるものです。

この理論をさらに展開したブラウン(二〇〇〇)は、「集団とは、二人以上の人々によって構成され、それは共有された社会的アイデンティティを持ち、メンバー同士は他者によって認識されている」としています。この場合の集団の要素は社会的アイデンティティです。この社会的アイデンティティとは、ある集団、あるいはあるカテゴリーにメンバーとして所属しているという自己の関わりの認識です。

しかし、これまでもっとも多くの研究者に受け入れられてきた定義は「集団とはメンバー相互に依存関係を持つことで関係をつくる二人以上の個人の集まり」でしょう。この場合メンバー間に相互依存関係（interdependence）があることが集団の要素となります。

社会関係性としての集団

これらの多様な定義に共通している要因は、集団を構成するメンバーが、二人あるいはそれ以上の複数人数いて、その間に何らかの社会的相互作用による関係があることです。結果的にそれは、集団を構成している人々とそれ以外の人々との間に境界があることです。本書では、このような多様な集団の概念を過不足なく示し、規定しているフォーサイス（二〇〇六）の定義に従って、「社会関係性によって相互の関連を持ち合う二人あるいはそれ以上の個人」の集合体を集団とよぶことにします。いいかえれば、社会的相互作用を通して相互に影響を及ぼし合う二人あるいはそれ以上の個人の集合体です。この社会的相互作用は直接的な相互依存関係だけではなく、間接的な相互作用、たとえば企業組織集団でも、支社間で遠く離れた人々の間の集団形成があることを指しています。また、社会関係性とは集団のメンバーつまり、集団の成員としてメンバー同士の関係としてもよいでしょう。

社会関係性としての集団——社会集団として

社会心理学を中心とした集団の研究では、これまで直接的な相互依存性を強調してきたため集団の大きさが比較的小規模なもの（小集団）に限定されていました。しかし、社会的相互作用として直接的な相互依存ばかりでなく、間接的、認知的なものにまで広げることによって、より大規模な集団も含ませることが可能となりました。これまでこの大規模集団は、集合体として扱われてきました。たとえば群衆行動はどうでしょうか。一般には、これは集団ではなく集合体と考えられてきました。しかしライカー（一九八四）は暴動集団の観察研究から、暴動のあと、破壊されたものを検証すると、人々はただやみくもに破壊行動をしたのではなく、一定のルールのようなものに従っていたことを明らかにしています。それはおそらく規範のようなものでしょう。暴動に関わった人々の間で、暗黙のなかでこの状況に適したルールの成立があったと思われます。そうすると、ここに何らかの社会関係性が生じ、その関係性から暴動の行動を理解することができそうです。あるいは、国際的な企業であれば、支社は世界に広がり、そこで働く人々同士は直接の相互作用がなくても、同じ企業に属している社員としての一体性のような感情・意識を抱くでしょう。さらに国民としての行為、コミュニティのメンバーとしての行動など、社会関係性を大きな枠組みでとらえることで、より多様な集合体を集団として扱えるようになりました。このように集団の規定では、依存関係が直接的であろうが、間接的であろうが、メンバーとして個人が集団の一員であると認識し、また集団のほかのメンバーも一員であると認識している集まりを集団としました。そこで、間接的な相互依存関係の集団も含めたということで、従来の集団の概念との混同を避けるため、ここでは社会集団(social group)とします。しかし本文中では、集団、グループ、チーム、あるいは社会集団、集合体などその状況に合わせ適宜使用していきます。

メンバーシップ性

ここでのキーワードはメンバーシップ性(成員性)です。心理学では個人を分析単位としていますが、集団研究での分析単位はメンバーシップを持った個人ということになります。そこで個人を越えた集団のメンバーとしての行動となり、この行動をここでは、集団行動とします。前述したフォーサイスの定義にある、社会関係性でいえばメンバーシップ性を持った個人との他者関係となります。「集団メンバーとしての行動」といっても、それは個人の基本的な心理特性と関連がないということではありません。集団行動としても、個人としての心的過程がその根底にあり、集団行動生起の基となるのです。個人内の自己過程、動機、情報処理過程（社会的認知）などは、集団行動の理解に重要な意味を持つものです。

●集団のリアリティ

集団研究でたびたび問題になるのは、集団とは何か、そもそも集団という実体は存在するのかということです。集団は単に個人の集まりなのだから、個人の影響過程を考えればよいのではないかということです。これらは集団の実在（リアリティ）に関する問題です。

一九世紀末から二〇世紀にかけて、ヨーロッパを中心に大衆行動が活発になりました。フランスのル・ボンやマクドゥガルは個人が集団や群衆に属すると、それまでの個人の行動からは考えられない過激な行為、攻撃行動が起きることに注目しました。彼らは、集団事態で発生する集団心（group mind, collective conscious）が人々をこのような行動に駆り立てるのではないかと予測しました。そして、その集団の心性は永続すると考えました。集団内では個人の意思ではなく集団の意思で行動するようになり、メンバーが替わってもこの集団の心性は継続して次世代に受け継がれていくとみなしたのです。

ところが、集団には心性のようなものは存在せず、集団は単なる個人の集合体、すなわち個人という部分から構成されている集まりにすぎないとした反論が現れました。そしてこのような集団の超個体的な心性や精神を認める立場を集団錯誤（group fallacy）であるとして反対しました。その急先鋒がＦ・Ｈ・オルポート（一九二四）でした。当時アメリカでは行動主義が全盛で、行動レベルによる客観的な測定が求められていました。そして、それは測定可能な個人レベルのものでなければならないという要請から、集団それ自体に何らかの精神が存在するのを否定しました。つまり、集団で見られる心性は、あくまで個人の精神であり、集団現象は個人のレベルに還元することで明らかにできるとしました。そして、それが科学的な実証研究を促すと主張したのです。

●グループ・ダイナミックスと集団過程のリアリティ

このような行動主義の動きから集団を構成する個人を分析単位とすることで実証的研究を促しました。しかし一方で、集団は個人の行動に還元されないプラスアルファ、つまり個人の総和以上の何かがあるとの思いは残されたままでした。そのことに大きなインパクトを与えたのが、Ｋ・レヴィンを中心としたグループ・ダイナミックスの動向でした。彼らは集団を力動的全体として考え、集団を構成する人々の間ではさまざまなやり取りすなわち相互作用があり、それによって影響を受けたメンバーはさらに影響を与えるという、相互依存関係があるとしました。そしてそのメンバー間の依存関係の過程、様相、条件が集団の全体に影響を及ぼすという力動的過程のなかで集団を考えるとしたのです。これは集団の実体より、集団の相互作用過程に注目することです。たとえばアッシュ（一九五二）は、集団を化合物としての水 H_2O にたとえました。水は二つの水素原子と一つの酸素原子が化合してできた一つの分子です。それぞれの原子は別々の性質を持っていますが、化合して水になることによって、さらに別の性質を持つことになります。集団も同じように個人個人が影響し合うことで、単なる個人の合算ではなく全体が別の資質を持つことに注目し、集団それ自体より、そのような結果を生み出した過程を重視するようになったのです。

このレヴィンらの影響を受けた集団研究はグループ・ダイナミックスとして大きな進展の流れをつくりました。この背景には一九三五年ごろからヨーロッパ系の心理学者がアメリカに亡命、あるいは移住して、彼らの力動的・認知的発想を広めたことがあります。そして多くの先駆的研究から集団過程における心的現象が明らかになり、集団研究は社会心理学ばかりでなく、教育、産業、司法など、集団を扱うさまざまな領域に影響を及ぼし、その成果は集団行動の説明と理解に多大な貢献をしました。現在でもこれらの研究から得られた知見は有効です。さらにそれはアクションリサーチも伴い、科学的な実証研究の知見が現場でのさまざまな集団に関する問題解決への指針を与えたのです。

●もう一つの集団研究の動向──社会的アイデンティティ理論

一九七〇年代になって、集団のとらえ方が、日常場面の特定の小集団過程に限られたことに飽き足らない動きがヨーロッパを中心に起こりました。その一つが社会的アイデンティティ理論（Social Identity Theory：SIT）、そしてそこから派生した自己範疇化理論（Self Categorization Theory：SCT）です。これらはそれまでの集団研究に対する新たな挑戦でもありました。その一つは集団の規定です。

それまでは相互依存関係が集団とよぶための前提でした。この規定があることで、集団研究に限界をもたらし、私たちの周囲にある実はもっと大きな集団、さらには直接的な相互作用のない人々の集まりの現象には十分に触れることができませんでした。しかし、この規定に当てはまらない集団でも同じ心理的機制が働き、それは集団の心的現象として重要である、との認識の思いからです。先にあげたライカーの例などもその典型でしょう。

タジフェルやターナーら（一九八一、一九八六）の提唱した社会的アイデンティティ理論は集団行動、集団間の態度・行動研究に新たな展開をもたらし、しばらく停滞していた集団行動研究にさまざまな光を当ててきました。とくにそのなかでも、集団間研究の進展には大きな貢献をしたといえます。

社会的アイデンティティ理論

この理論の中核となる社会的アイデンティティとは、社会的集団のメンバーシップ性に基づいた人の自己概念の諸側面（感情・評価などの心理的関連）を構成するものです。社会的アイデンティティ理論とは簡単にいえば、「自己を集団メンバーとしてカテゴリー化し、その集団に同一化したとき、当該集団の一人としての認識において、集団のほかのメンバーとの関係からの影響過程、あるいは集団間関係を明らかにする理論的分析」です。ここでは、二つの前提があります。一つはカテゴリー化、あと一つは同一化（identification）です。そして四つのプロセスを経ます。

①**認知的分化**……まず人は、個人を取り巻く社会環境を秩序立てし、認知的に社会環境を意味のあるものとし構造化して理解しようとします。その場合、何らかのカテゴリーを用います。カテゴリー化とは、自分を取り巻く世界を体制化するための認知的分化のことで

す。個人個人のなかには多様な自己を特定するカテゴリーがあります。社会的に意味あるカテゴリーを使うことで、自己を明示させ他者と分類あるいは同類化をしやすくするのです。カテゴリーの例としては年齢、性別、国籍、職業、民族、宗教、所属集団などがあげられるでしょう。このように多様なカテゴリーのなかで、どれを使うかは、自動的プロセスとして決定されています。状況、顕在化、類似・非類似などは体制化しやすい、秩序立てしやすいものです。たとえば、外国に行けば、国籍あるいは民族のカテゴリーで自己を取り巻く世界をカテゴリー化するでしょう。

②同質化と差異化……何らかのカテゴリーを用いて分化させたら、そのカテゴリーに属する人々は内集団（ingroup）、そのカテゴリーにない人々は外集団（outgroup）のメンバーとなります。そして内集団と外集団の間、つまり集団間は当面のカテゴリーによって異なった集団として分化され認識されます。これが差異化です。認知的分化をより明瞭化させるため、このカテゴリーで特徴づけて認知することで、差異化はより明瞭になります。これはカテゴリー化によって、対応する他者（この場合、外集団）が明確になればなるほど、自己も明示されるからです。そして、同時に内集団では同質化へ認知的作用をさせます。年齢のカテゴリーを例にあげると、高齢者集団が内集団であれば、外集団は若者集団といえるでしょう。高齢者は若者と対比することで、高齢者としての自己が明示され、より鮮

明になります（差異化）。

③**位置づけと評価次元**……さらに、内集団に属することで、内集団メンバーを通して自己を再構築します。この自己概念に集団が関わっていくことが同一化です。集団の一人としての認識が自己概念の一部をなし、自己のとらえ方が変容します。自己概念には自己評価が重要な部分を占めていることから、内集団との関係による自己評価が顕在化します。

④**社会的アイデンティティ**……内集団となった集団への同一化を求め、その同一化を備えた自己の部分が社会的アイデンティティです。社会的アイデンティティとは「個人が知覚的に所属する集団から得る自己概念の一部とそれに伴う感情的意味」です。つまり、社会環境を認知するだけの道具にとどまらず、個人の位置づけも行い、当該集団の一人としての認識を持たせます。そこで、「私」というより「集団のなかの私」、あるいは「私たち」の視点となります。そして、社会的アイデンティティは、自己の一部として密接に関わるので、そこに自己高揚動機が働きます。このことは内集団を望ましいものとして認知することにもなり、それを期待します。このことが結果的に外集団との差異化にバイアスを与えることがあります（内集団ひいき、**favoritism**）。

このように、この理論では集団を規定する最小の条件はカテゴリー化となります。タジフェル（一九八一）は、最小集団パラダイムの実験集団を構成し、カテゴリー化が集団の最小条件であることを明らかにしました。しかし、この実験にはまだ議論の余地があり、またカテゴリー化が最小条件かどうかといった疑問も残されています。しかし、この理論によって、直接的な相互依存関係にはないけれど集団メンバーとして認識し、集団から影響を与えられ、また与えることを通して相互関係を形成し、その関係を通して多様な心的現象が明らかにされてきました。

●現在の集団研究の特徴と学際的方向

集団の新たなとらえ方

これまで述べてきたように、発展を遂げてきた集団研究は新たな視点、理論の出現で多様な変化が生み出され、さらに活性化されてきました。その変化の一つめは、集団のとらえ方です。先にも記したように、集団を広く、そして認知的にとらえることです。具体的な相互依存関係にある構造化された小集団から、不特定多数の集合体まで、社会集団として扱うということです。それによって、これまで見失いがちだった集合体のなかで共有された感情・認識（集合感情、規範）をとらえることが可能です。たとえば、あるメンバーの不正行為は、たとえ自分自身の行為でなくても、当面の集団の一人として抱く申し訳なさの感情（集合罪悪感）があり、この感情を個人のものとしてより、当面の集団の一員（メンバーシップ性）として見ることで、社会（外集団）に対しての補償、あるいは不正防止を促進させるでしょう（本間 二〇〇七）。

また、進化的視点からのとらえ方も見逃せないでしょう。これまでの研究では集団は現時点での様相から心的現象をとらえていました。しかし、現在の心的現象を含む社会システムは長い時間をかけて進化の過程で生まれたものとしてとらえることができます。人は社会を存続させるために環境・社会に対してどのような適合的関係（包括的適応）を築いてきたかを進化心理学的スタンスでとらえることで、現在の社会システムの解明に挑んでいます。

集団研究の広がりとアクションリサーチ

二つめは、集団研究の広がりによる他分野との連携あるいは学際的研究の深化です。産業組織では、職場の生産性、組織性の問題、臨床心理学では自助グループ、体験集団の問題、教育では学級集団、スポーツでは集団競技、法廷では、裁判の陪審員（わが国では裁判員）による意思決定の問題など、社会心理学より、むしろこのような特定の場面での集団からの新たなアプローチや知見が研究者を刺激し、勢いづかせました。たとえば集団凝集性は、しばらく社会心理学では棚上げされていた問題ですが、スポーツの世界では、集団競技で、その重要性が指摘され研究が続けられてきました。そして、その測定方法として、多様な尺度が開発され、改めて「凝集性」を問い直す機会が与えられました。

さらに三つめとして、現実の集団の多様化に対処し、問題解決のための施策として集団研究の視点を活かすことです。たとえばいじめ問題は、職場でも学級集団でもいまなお深刻な問題ですが、これを個人レベルではなく、集団レベル、つまり過程から検討することによって、新たな視点でとらえ直すことができるのです。非行問題に関しても、非行グループによる事件の増加と過激さを理解するには、集団研究ならではの知見が大いに役立つはずですし、その対処にも集団が持つ治癒力を活かすことが大いに期待できます。

2・集団の形成と発達
――集団らしさの過程

人々が集まり、集団が形成され、集団もメンバーもそのメンバーらしく変容していく過程を集団発達といいます。これは、メンバー間の持続的な相互作用を通して、共通の目標に向かい、相互依存関係が成立し、さらにメンバー間にさまざまな関係が生まれ、集団の機能が十全に発揮される過程です。そのなかでメンバー間関係は役割で分化され、集団内に規範が形成され、集団が構造化されていきます。

この発達の変容は、二つの側面から見ることができます。一つは個人が既存の集団に参加し、集団との関係を通して変容する過程、つまりメンバー個人の視点に立った場合です。ここではモアランドとレヴァインの集団社会化を扱います。もう一つは、集団が新たに誕生し、活動し、そして終息するまでをとらえた集団自体の一連の過程です。たとえば、プロジェクトチームであれば、あらかじめ集団の目標達成地点があり、それに貢献可能な人物をメンバーとして迎え、集団を構成し、その目標達成に向けてメンバー同士が相互作用を行い、達成され、終息です。この一連の流れを扱った研究としては集団に課せられた課題達成をコミュニケーション変容過程から検討する、ベールス（一九五〇）の相互作用過程分析（IPA）がよく知られています。さらにその発展型として、対人関係分析があります。ここではタックマンによる集団発達モデルを取り上げます。これらの理論に共通していえることは、時間的経緯があたかも人の発達過程のように、いくつかのステージを経て変容することです。このステージはそれぞれが集団の発達段階を意味する概念として統一化され意味づけされ、さらに全ステージが一連の変容過程となるものです。

●集団社会化

モアランドとレヴァイン（一九八二、一九九四）は個人が集団に加入し、ニューカマー（新人）となり、すでにいる集団メンバー（オールドタイマー）との相互作用から、集団メンバーとして適応していく過程を集団社会化（group socialization）とよび、モデルを構築しました。この研究で扱った集団は比較的小規模で、メンバーが相互に依存関係にあり、共通の準拠枠を共有するものでした。しかし、現在この理論は、企業などの大きな集団にも援用され、集団社会化の一般性の高いモデルとなりました。このモデルの特徴の一つは、集団社会化の過程での心理的プロセスを、個人と集団（オールドタイマー）の両者からの働きかけという相互交換によるダイナミックな関係を扱うことです。そして、そのダイナミックな心理的関係をコミットメントで示し、これを集団への個人の関わりの程度の指標とします。つまり、ここでのコミットメントは、メンバーとしてどの程度集団の価値を受け入れ、それと同一化し、自らの行動や心理を集団の目的に合致させ、集団メンバーとして活動しているかを表します。コミットメントの心理的変容には、入会の決定（EC）、受容の決定（AC）、分岐の決定（DC）、そして退会の決定（XC）の四つの決定基準があります。そして、その決定に至る相互作用の過程を五つのステージで説明しました。

全体のプロセスは図1で示しました。横軸が時間的変容、縦軸がコミットメントです。この社会化には二つのプロセスがあり、それは集団側から個人への働きかけ（調節）と個人から集団への働きかけ（同化）です。この両者の関係によってコミットメントが変容します。その条件として、ニューカマーの個人の要因と集団の要因があり、個人の要因としては年齢（若手のほうが社会化しやすい）、性差、能力、動機などがあります。集団の要因としては発達レベル、遂行程度（順調な遂行か否か）、スタッフィングレベル（仕事と

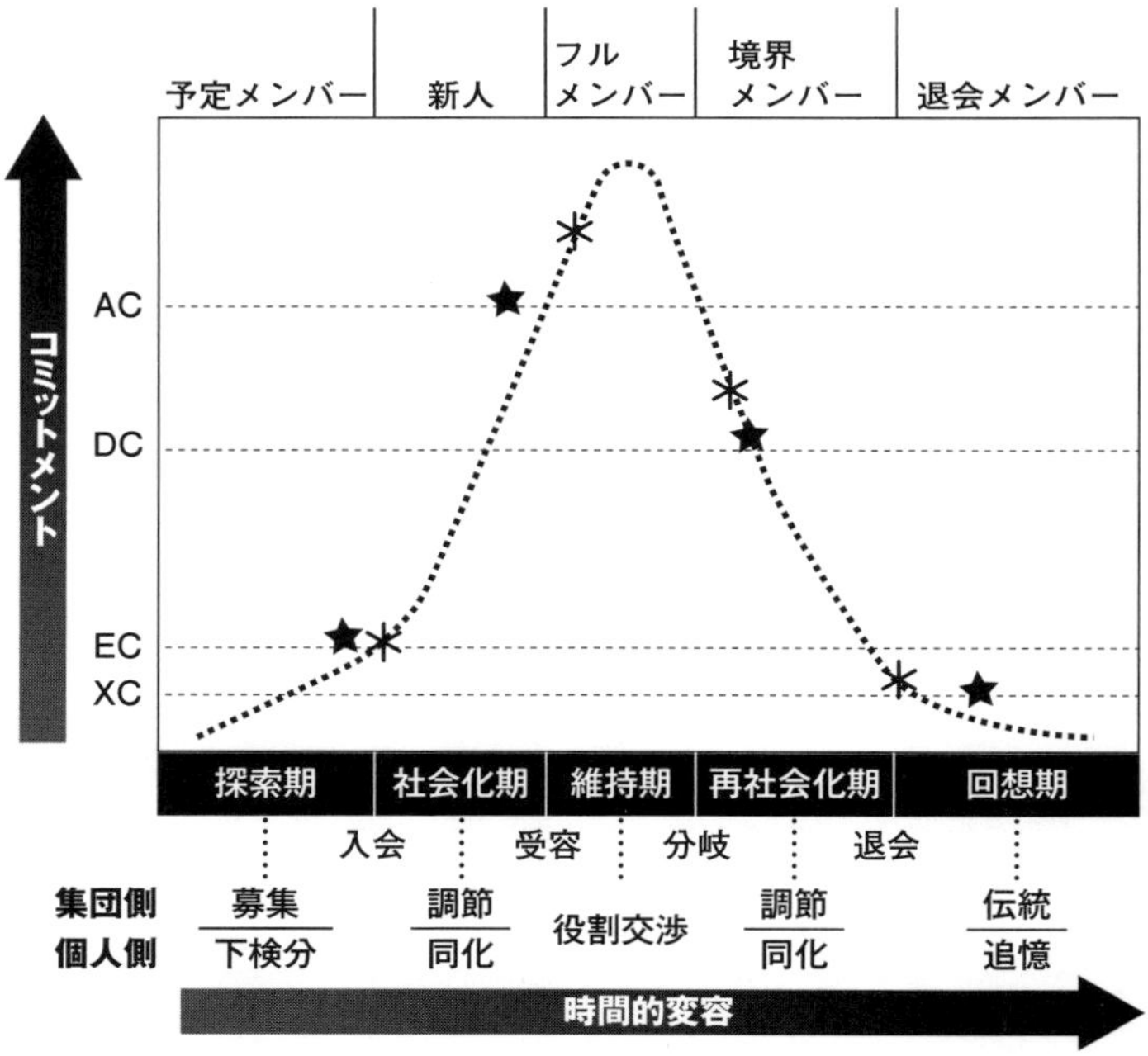

図１　集団社会化モデル（モアランドとレヴァイン，1982より）

構成人数の最適規模の程度)、そして開放性(透明性)などです。

探索期

このステージでは集団側は「募集」を行い、集団にとって適切なメンバーを選択します。具体的な方略としては、適性検査や面接による人選などがあげられるでしょう。一方、個人側からの働きかけは「下検分」です。これは、当該集団を自分の将来展望、目標達成、動機などと照らし合わせ、情報を収集し、検討する時期です。集団も個人も互いの目標達成ができるという期待が高まれば、ニューカマーとなり入会(EC)することになります。ここではコミットメントはまだ低いものの、集団への注目・関心は膨らみます。

社会化期

この期間がこのモデルでもっとも重要な時期です。集団は、ニューカマーを集団らしさの維持、目標達成に貢献できるように変容させるべく働きかけます。その一つとして、イニシエーションがあります。

イニシエーションは、どの集団でも何らかの形態で存在するといわれています。それは、新たなメンバーを迎える儀式としての入会式(入学式、入社式など)や、一定期間の拘束(泊り込みの研修など)といったものです。ある文化圏では、若者が大人社会に入るときの通過儀礼として一定期間、特定の宿（若衆宿）で試練をするといったものがあります。このイニシエーションはいくつかの働きがあるといわれています。まず、①シンボリック機能として、ニューカマーにとっては、集団メンバーとなったことによる自己概念の移行があり、集団にとっては、メンバーに新たな集団メンバーとしての境界を明示することです。次に、②ニューカマーに集団の規範、ルール、あるいは集団にとって必要なスキルを伝え、既存のメンバー、つまりオールドタイマーとして集団の優位な立場（先輩）から徒弟関係をつくることです。そして③ニューカマーから集団への忠誠を引き出し、新たな関係をつくること、といわれています。

過酷なイニシエーションは効果的？

このイニシエーションは、しばしば厳しいネガティブな経験を伴うことがあります。研修中の過酷な訓練など、あるいは一時期、学生サークルでよく行われた「一気飲み」などもこれに当たるでしょう。しかし、入会を歓迎するものであれば、本来ならばポジティブな経験となるはずのところをなぜ過酷なものになるのでしょうか。その理由として、厳しい経験はニューカマーに集団の正当性を与えて集団へコミットさせ、評価（厳しい訓練をクリア）し、彼らに選択（集団に留まること）を迫り、オールドタイマーへの依存の仕方を示すことなどがあるといわれています。

これを検証するため、ジェラードとマシュウソン（一九六六）は実験を行いました。実験参加者は、まず大学内で試験の際のカンニングについて集団で討論（あえて、面白味のない討論内容）をすることを求められます。イニシエーション群には、大学内のカンニングについての討論をするが、このテーマは倫理的、個人的な問題を含むので、この集団に参加できるメンバーを人選すると教示します。それは電気ショックを受けることで、討論集団の参加条件、つまりイニシエーションとなります。ここでは強ショック条件（過酷経験）と弱ショック条件の二群に分かれます。他方、非イニシエーション群には、電気ショック経験と集団での討論は関連のない二つの独立した作業であると説明されます。結果は図2に示しました。集団参加への意向の反応では、イニシエーション群では強ショック条件で、集団討論参加に魅力を感じていました。また図には示していませんが、討論集団の評価についても同じくこの群で評価が高いものでした。

しかし一方では、過酷なイニシエーションはかえってメンバーに葛藤や否定的態度をもたらすので、ポジティブなイニシエーションのほうがその後の集団との関係は良好になると仮定し、それを検証した研究もあります（ローディヴィックら一九九七）。それによると過酷なイニシエーションはフラストレーションを高め、それが集団に対して否定的な評

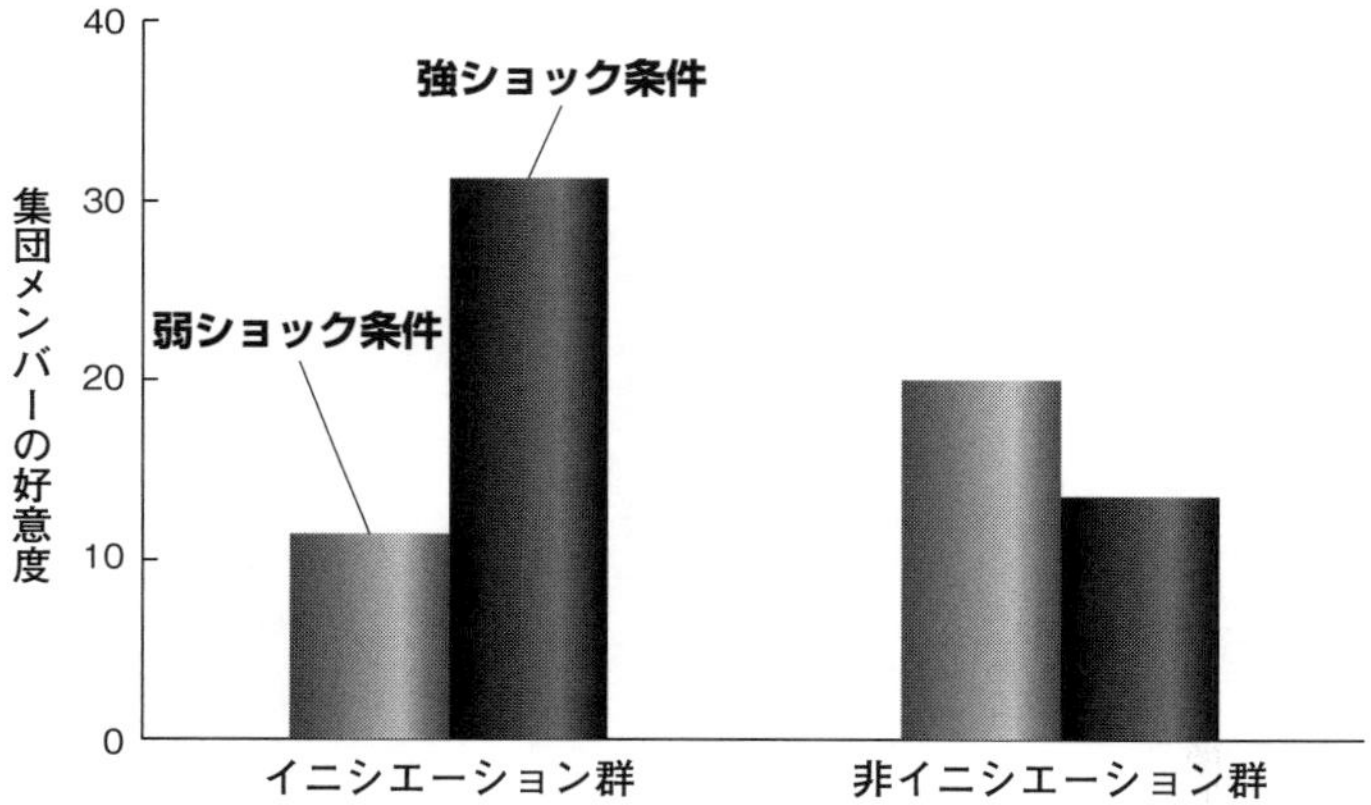

図２　イニシエーションの厳しさの程度による集団メンバーの好意度
（ジェラードとマシュウソン，1966）

価となり、さらには抑圧傾向を引き起こして孤独感を誘発し、集団への魅力をむしろ損なうことを明らかにしています。

このような集団からの働きかけがある一方で、ニューカマーからの働きかけである、同化もあります。まず、社会化をより容易にさせるために集団のやり方・手法を知ること、つまり集団の情報を集め、集団の価値を共有しようとします。また、新人らしく振る舞うことも重要で、オールドタイマーの受容的態度を引き出しサポートを得やすくします。さらにオールドタイマーや同期を相談相手とすることで、連携を持つことなどです。しかし一方的な同化だけが行われるわけではなく、集団の状況により、たとえば集団が順調に遂行されていない場合、ニューカマーからの積極的な働きかけが行われるなど、集団に新たな方向づけが持ち込まれることもあります（チョアとレヴァイン 二〇〇四）。新しいメンバーによる新たな方法、やり方、思考を取り入れて、改革や変革が行われることもしばしばです。このように集団側、個人側の両者が調節、同化とも良好に行えれば、社会化が進み、受容の決定段階（AC）に入ります。

維持期

このステージになると、ニューカマーはもう新人ではなく、集団の確たるフルメンバーとして十分なコミットメントを示すようになり、個人も集団も互いに受容している状態となります。しかしその間も、集団と個人は自らの欲求・目標をより効果的に達成するため、さまざまな関係性の交換、つまり「役割交渉」があり、相互交渉を活発化させます。集団は集団維持、目標達成のためにふさわしい能力・スキル・動機などからメンバーを選び、ふさわしい地位・役割を与えます。各メンバーも、働きがいのある、自分の能力・スキルが発揮できる仕事、見返りの多い仕事を望み、集団に働きかけます。両者が合致するなら、コミットメントは高まり、集団との関係は高いレベルで維持されます。しかし、役割の交渉が不十分（仕事が面白くない、働いただけの見返りがない）なら、分岐の決定（DC）となります。

再社会期

集団は改めてメンバーに働きかけ、個人の欲求を考慮し、新たな役割・仕事を与えます。個人もそれに応えて、達成志向の強化、新たなスキルの獲得などで同化します。双方の相互交換が良好であれば、改めてコミットメントが維持され再びフルメンバーとなり、コミットメントは受容のレベルで維持されます。この再社会化は繰返し行われます。しかし、この繰返しが十分に行われず、どこかの段階で再社会化が達成されないと、コミットメントは下降します。その結果、境界メンバーとして「退会」などを考え始めるとXCのレベルになります。集団側は、このようなメンバーに対して「同化」を促すより、退会を促す相互交換となり、個人も新たな集団への入会の準備をしたり、情報を探したりします。そして集団から外れ、退会となります。

回想期

このステージは当該集団を退会した個人も集団も、それぞれ評価と想起をする段階です。退会後、ただちに記憶から去るのではなく、個人・集団双方で痕跡として残り、それがそれぞれの次の社会化への記憶・情報となります。集団は、集団への貢献とコミットメントから退会した個人を評価し、そのメンバーは過去の話になり、集団のやり方は「しきたり（伝統）」として過去の事実となって残ります。退会した個人は、本人の経験のなかに集団社会化の一連の事実を「追憶」として留め、次の社会化の情報とするのです。

●集団の発達と変容

どの集団でも総じて一定の発達過程を経るとするなら、新たなメンバーの形成から始まり、集団活動があり、そして終息・休止を迎えるといった一定のサイクルを想定することが可能です。この点から、集団の時間的変容を発達ととらえ、その発達の経過を通して集団とそれを構成するメンバーの活動を示そうというくつかの試みがあります。多くは、まず第1段階として、「集団の方向づけ」があります。ここでは、メンバー同士の情報収集と交換が行われます。第2段階は、「葛藤の時期」です。ここでは、メンバー同士の意見の食い違いの発見や集団との価値志向や目的の食い違いなどによる混乱や葛藤が生じます。第3段階は、「構造化の時期」で、第2段階の混乱や葛藤を調整し、集団内に目標達成に向けた構造ができ、集団の受容と拒否の行動基準、相互の役割関係、対人的な構造化もつくられます。第4段階は、「目標達成の時期」です。集団の目標に向かって、課題追究と達成の相互作用があります。そして第5段階は、「解散期」で、最後は閉会、あるいは再出発となります。これらの五つの段階を実際の多様な集団活動に当てはめようとすると、相互交錯し、明確な線引きが困難でしょう。とくに、時間経緯から段階分けをすると各期間の長さが多様なため、一括した発達モデルを提起するのは困難であるという研究者が多いのも確かです。しかし、一定の段階を経た一連のサイクルとしての集団活動の変化は、大枠でとらえることが可能です。

●タックマンの集団発達モデル

ここでは、タックマン（一九六五、一九七七）のモデルをあげます。彼は、五〇ほどの臨床場面における集団発達研究のレビューから、その変容過程を構成しました。変容過程は二つの領域に分けられています。一つは「集団構造」で、メンバー間の社会性・対人関係が競合、あるいは融合していく過程です。あと一つは、集団活動方向としての「課題活動」で、課題達成への相互作用の変容です（図3）。

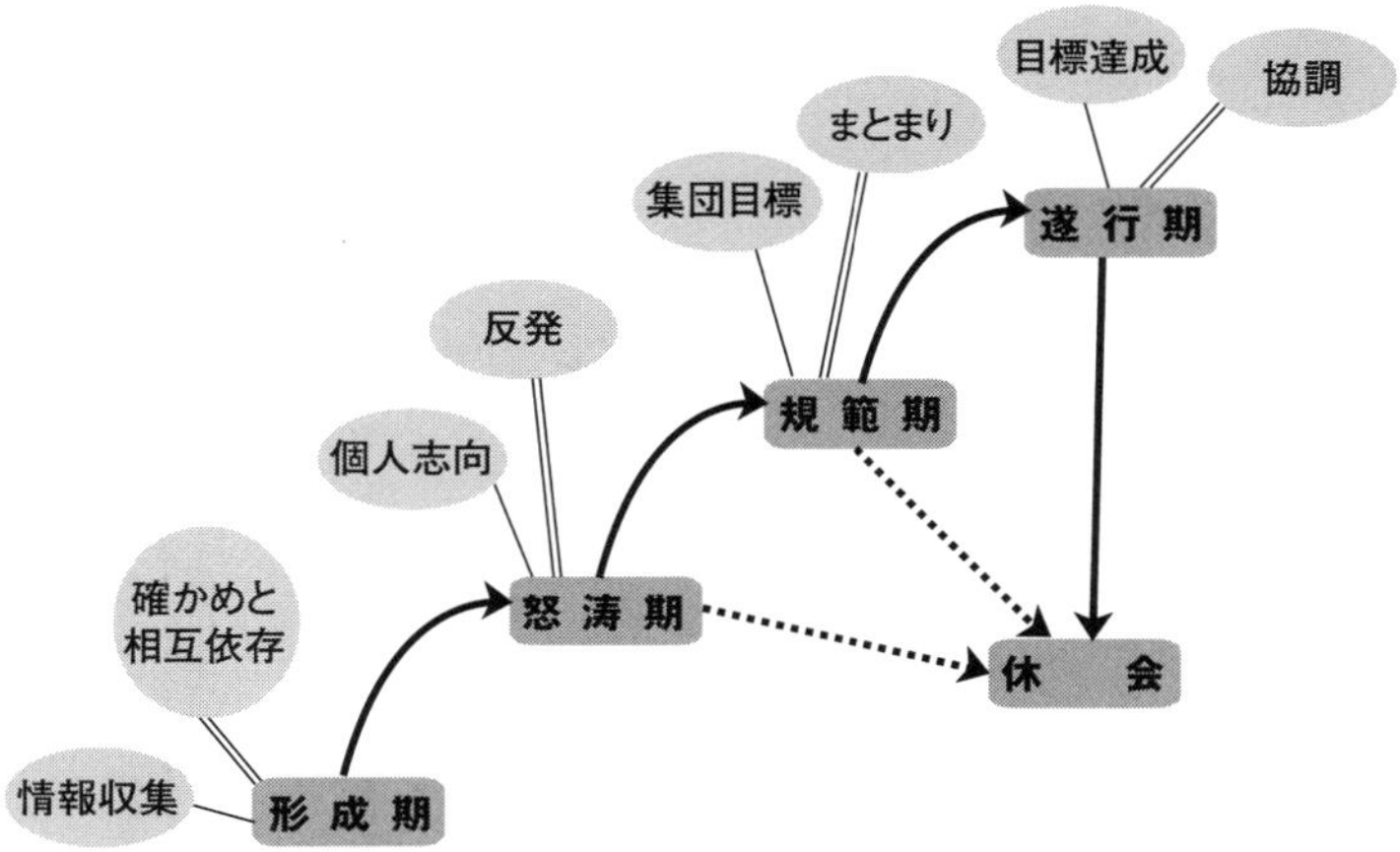

図 3　集団の発達モデル（タックマン，1965）
—— 課題活動
═══ 集団構造

形成期

第1ステージの方向づけは、形成期です。「集団構造」としては、確かめと相互依存が見られる段階です。新たに集団を構成したほかのメンバーの様子を探り、自己開示をしつつどのような対人行動が受け入れられるかを試し、反応を探り、関わりの模索、躊躇、依存というような新たな環境へと順応する段階です。メンバーは互いに未知であり、手さぐり状態で、どのように接し、集団関係を形成するか、といったことで新たな集団への対応に不安と緊張を感じやすくなります。一方、「課題活動」では、情報収集と確かめが行われメンバーはここで何をするか、そのためにどのような情報を求めるかを探ります。

怒涛期

第2ステージは怒涛期です。意見の相違、メンバー間の価値観の相違、意見の食い違いから生じた緊張がさまざまな場面で葛藤として生じる時期です。「集団構造」ではメンバー間の対人的関係は競争、嫉妬、摩擦、敵意が生まれ、メンバー間に分裂が生じるのもこの時期です。また特定の他者、たとえばリーダーに敵意を向け摩擦が生じることもあります。「課題活動」では、課題に対しては個人的志向が優先し、集団課題志向との間に食い違いが生じて、集団からの要求に情緒的な反応をしてしまうことがあります。メンバーのやり方が気に入らなくて攻撃的態度をとることもあります。

規範期

第3ステージは規範期で、第2ステージの危機を乗り越えて迎える時期です。「集団構造」としては、まとまりへと向かい、メンバーは、集団メンバーとしての意識が生まれ、ほかのメンバーを受容し、その関係を維持し、安定した関係が構築されます。また「課題活動」では、メンバーは相互に了解し合った上で集団の目標に向かい、話し合いが深まり、相互作用が促進的になり、オープンな討論をするようになります。集団構造にせよ課題活動にせよ、集団メンバーとして望ましい行動と望ましくない行動が明確になるのもこの時期です。

遂行期

第4ステージは遂行期です。集団は成熟し、葛藤やあいまいさは減少します。「集団構造」では、機能的な役割関係を構築し始め、理解、分析、洞察を通して、自らの集団が社会的実体であるという実感が生まれ、親密さが深まった積極的相互交換、相互理解に基づいて統合されます。また「課題活動」では、集団の向かう目標が明確になり、統一のとれた集団メンバーは、課題遂行に向けて、建設的で効果的な活動をします。

休会

最後のステージは休会です。つまり解散などによる集団の終了です。目標は達成され、役割の移行、課題の終了となります。

このモデルは成功した典型例でしょう。しかし、集団によっては、途中で解散する場合もあり、またステージ間の区分が明確にならない場合もあります。さらに、ステージもこの順序通りではなく、同じステージを繰り返すこともあります。タックマンのモデルは臨床場面の体験集団を基にしたものであるため、発達過程のなかでの集団構造として凝集性を重要視しています。そのため、このモデルで扱っている集団がチームワークのような課題活動が優先される集団とは多少異なることも考慮する必要があります。

●集団凝集性

集団のまとまり――実体性

集団が集団らしくなるためには、集団がまとまっていくことが重要です。メンバーが自らを集団の一員と認識して相互に作用し合い、メンバー全員がそのような活動に積極的になり、心を一つにすることは望ましいことです。このような集団のまとまった状態とその意識は、一体性、連帯意識、あるいはわれわれ感情（we-feeling）などといわれています。これは集団を形成する上で重要であり、これが集団の活動に有効な影響を与えるという認識は、研究者のみならず、集団を扱う現場でも強く、さまざまな集団経験から納得できるからでしょう。

さて、集団が一つのまとまりとして認識されることを集団の実体性（entitativity）とよぶことがあります。キャンベル（一九五八）によれば、集合体がそれを構成する人々によって結びついていると知覚される総体の程度としています。それはゲシュタルト法則を援用し、集団が一つのまとまりとして認識される程度を示したものです。キャンベルは、実体として認識される程度については、メンバー間の類似性、近接性、共通運命の存在、閉合性の要因から、一つのまとまりのある実体として認識できるかどうかを示しました。彼によれば、直観的な知覚からの情報の把握が集団の統一体としての認識になるとします。直接の集団の活動を通じて、近接性を感じ、その結果を共有することで、同じ方向を共有し共通の運命を分かち合っていると認識し、メンバー同士で同様の活動を通して態度・価値観の類似性を見出します。そして、集団内のメンバー同士だけでつくられた関係は閉鎖的なものであるため、集団のまとまりの強さを知覚するでしょう。このようなメンバーの集団に対する構えは、集団過程にさまざまな影響をもたらします。各メンバーにこの実体性が強く認識されていれば、集団メンバーとしての行動が促進されるとみなします。集団を一つのまとまりとして考えるのは集団の影響を検討する上で重要な鍵となります。

一方、実体としての認識ではなく、各メンバーが集団に収斂されることで、全体として集団のまとまりが生まれることがあります。これは、集団の凝集性（group cohesiveness あるいは cohesion）として検討されてきました。メンバーが集団に吸引され、それが全体として一つにまとまることは、集団にとって望ましく、集団が効果的に作用し、働くことを予測させます。そこで、実際の集団でも研究の場でもこの概念が重要視されてきました。フォーサイス（二〇〇六）はこれまでの凝集性の定義を検討して、三つの特質にまとめました（図4）。まず集団メンバー同士の魅力の程度です。フェスティンガーら（一九五〇）は、メンバーが対人的に魅力を感じる程度を、集団に留まろうとする力の合成力とみなしました。つまりメンバー間のつながりが全体としての凝集性につながるということです。二つめの特質は一体性（unity）です。メンバーを結びつける相互作用を通して感じる集団の持つ価値観への引力、安定感、拠り所感などが集合した力とみなします。これは先の実体性の様相に近いものでしょう。さらに三つめはチームワークです。これは、いわゆるチーム・スピリット（esprit de corps）とよばれるものです。目標にコミットしそれに向かって協働することで集団活動の魅力、目標の魅力が作業を促進させ、それが集団への誘因になるとしました。

集団凝集性とは何か？

フォーサイスはこの三つの特質を統合し集団凝集性としました。

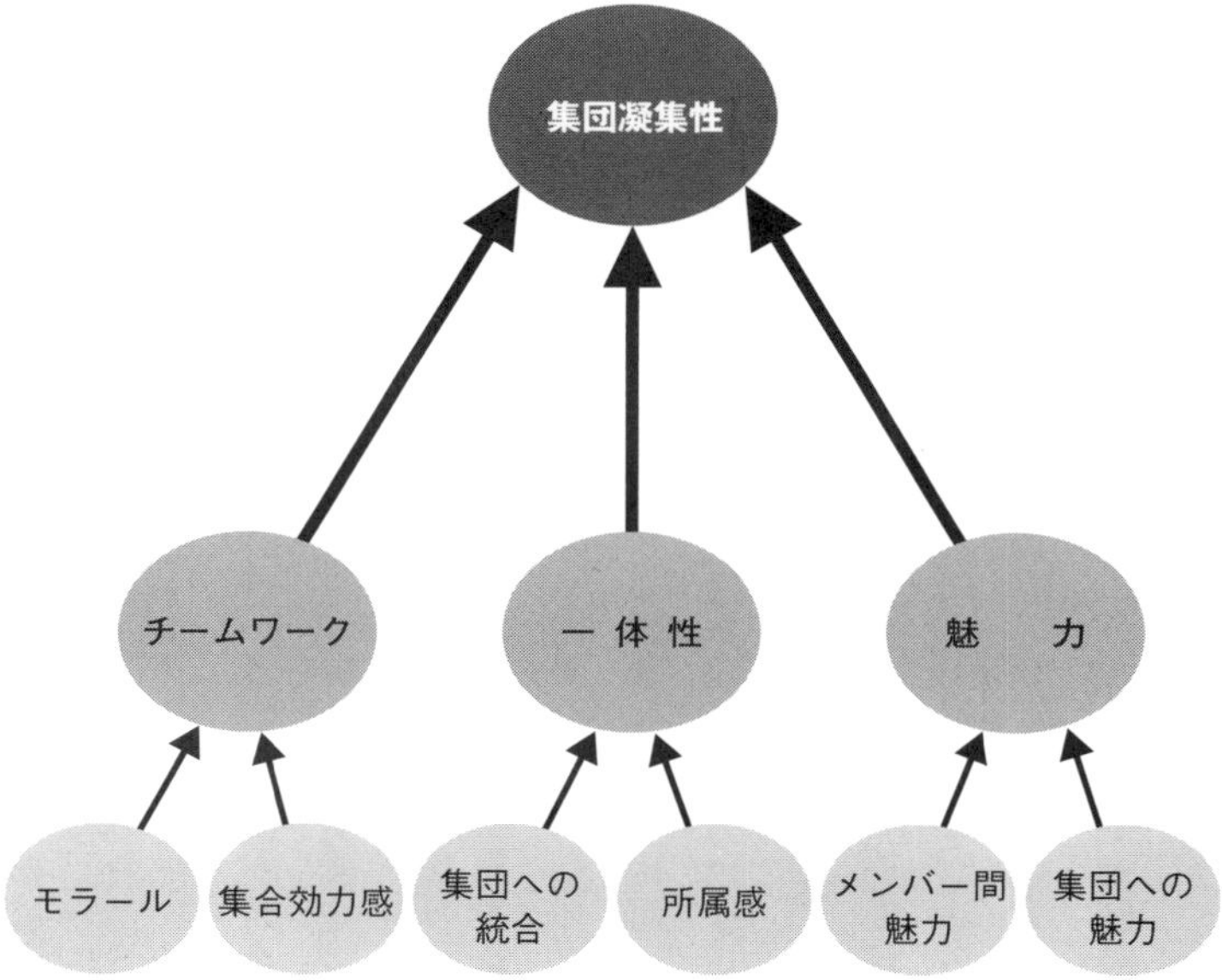

図 4　集団凝集性モデル（フォーサイス，2006 を一部修正）

集団における凝集性の影響の強さが明らかになり、その先行条件の解明や、集団効果の実証的研究が求められているにもかかわらず、その知見の少ないのが実状です。その理由の一つは、多様な意味を持つ概念定義のなかで、果たしてそれに沿った操作的定義で測定しているかといった疑念があるためです（たとえば、ホッグ 一九九二）。また、集団の質的性質を量的なもので測定することへの困難さもあります。

何が凝集性か？

たとえば、対人魅力を測定し、メンバー同士の好意の統合、つまりソシオメトリック関係で操作することがあります。これも凝集性の一側面ですが、全体ではないでしょう。あるいは集団への所属感、集団目標への達成志向の程度なども一側面でしょう。このように測定基準のあいまいさもあって、もうこの概念は意味がないのでは、とする研究者もいるほどです（マドラック 一九八二）。

しかし、一方では、集団の効果が現実に要求される分野、たとえばスポーツ心理学や集団セラピーにおける凝集性研究では、特定の集団に限定されているものの、多次元的な尺度構成による測定も提起されています。たとえば、ヤケルソンら（一九八四）らによるスポーツ集団の多次元集団凝集性尺度では、チームワークの質、集団の魅力、目標の統合、価値づけられた役割などの下位概念から構成されています。また、もともとは集団セラピーの発想として提起されたものですが、比較的広範囲な集団に利用されているストークス（一九八三）の集団凝集性尺度があります。これは九つの観察項目（たとえば、集団活動でどの程度まで集団に関与しているか？　集団とともに働くことであなた自身の目標が達成されるか？　など）から構成された尺度などが開発されています。

凝集性と集団効果の両価性——メンバー間魅力と適応

凝集性という言葉を聞くと、集団がまとまり、活動が順調に遂行されている印象があり、どこか魅力的です。しかし、それは肯定的にも否定的にも影響をもたらすのです。まず、メンバーが集団へ惹きつけられるということは、メンバーを集団に留めることで、集団の安定につながります。またメンバー同士が好意を持ち合うことで、集団のコミュニケーションをスムーズにさせ、緊張・不安は低下し、友好性が増します。それにより、メンバーシップ性としても満足感が高まるでしょう。そうすることで、積極的に集団の価値基準を受容し集団への適応を促進させるでしょう。

その一方で、集団内の友好的な対人関係は、集団内の相互作用を促進します。そのため、集団は外に注意を向けることが少なくなり、新たなメンバーの受容は低下し、閉鎖的なものになります。また、メンバー間の結束が強まると、集団からの圧力も強くなり、各メンバーに対して集団に同調させようとする働きかけが強まります。もし、集団から逸脱した場合、そのメンバーに対して強い圧力が生じ、敵意を生じさせやすくなることがあります。

凝集性と集団効果の両価性——凝集性と生産性の関係

先にも述べたように、凝集性の概念にはいわゆるチームスピリットがあります。これにより、凝集性が高まれば集団の目標は受容され、その達成も容易なものとなり生産性は高まると予測されます。しかし、集団の生産性と凝集性は無条件の関係ではなさそうです。バーコヴィッチ（一九五四）は、集団の生産性は凝集性と直接関連があるのではなく、集団の規範に影響されやすくなることを示しました。その結果は図5に示すように、高い凝集性集団で規範が生産性志向を促すものであれば、生産性はより高まり、規範が生産性志向とは無関係（あるいは関係が薄い）であれば、かえって低下するというものでした。また、作業の内容が重要であると、グーリーら（一九九五）はいいます。彼らは、目標達成のためにメンバー同士の相互作用と相互依存関係の必要性が高い場合には、凝集性の高い集団においてより生産性が高まることを実証しています。

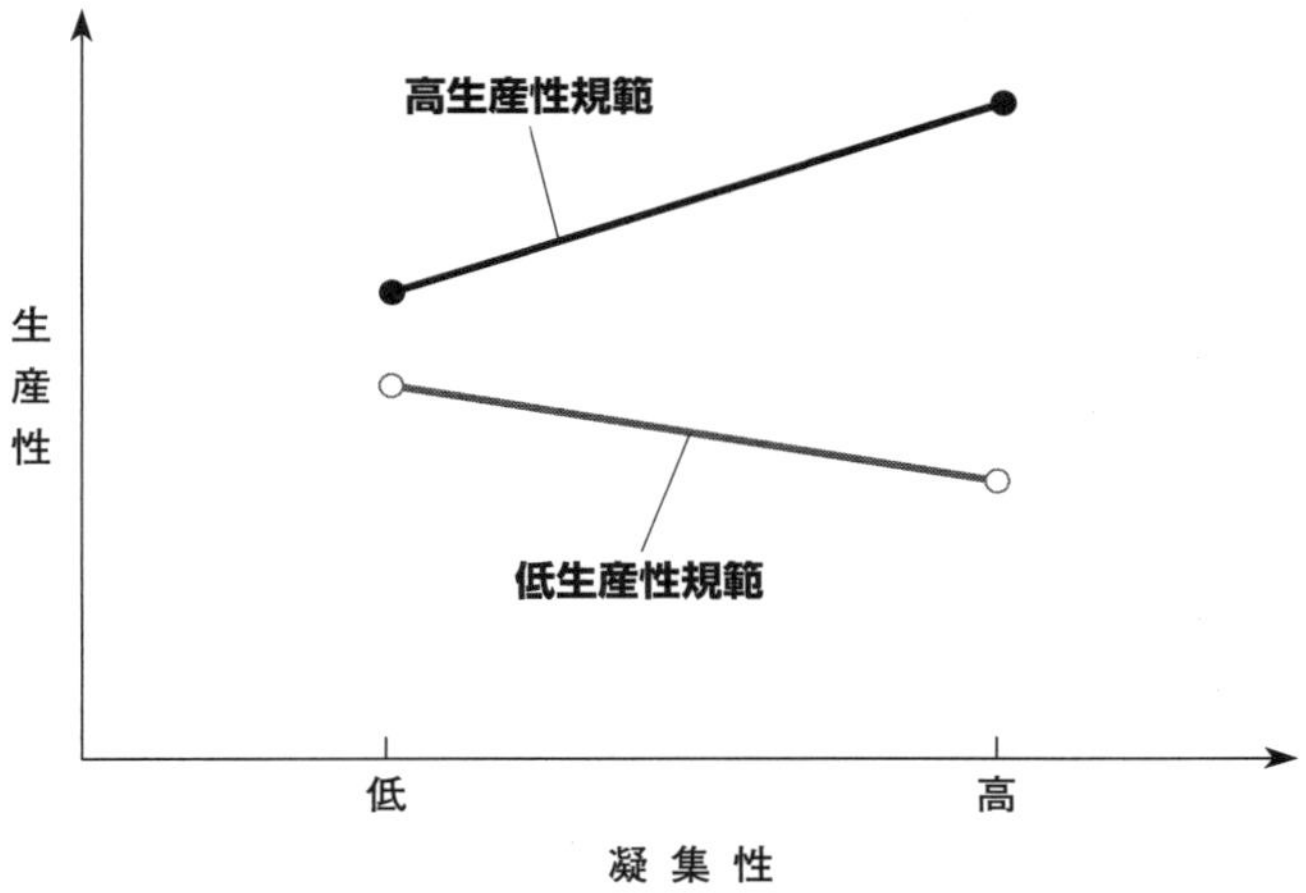

図5　生産性と規範の関係（バーコヴィッチ，1954）

凝集性は生産性を高める？

規範の内容や作業内容によって凝集性と生産性は異なることがわかりましたが、そもそも生産性と凝集性はどのような関係にあるのでしょうか。これまでの研究では、凝集性の高い集団は生産性が高い、と暗黙のうちに想定してきたようです。ミューレンとクッパー（一九九四）は、その関係がどのようなものなのかを改めて検証すべく、これまでの研究成果のデータを基にメタ分析を行いました。その結果は図6に示したように、凝集性と生産性との間にある程度の関連性が認められました（とくにスポーツ集団で強い）。しかし、これまで暗黙のなかで凝集性は生産性に影響するという因果関係を想定してきましたが、この結果は生産性の高さがより強く凝集性に影響を与えているというものでした。また、凝集性のなかでもチームワーク（この図では課題のコミットメント）がもっとも強く関わっていました。この結果は、むしろ生産性の高さ、たとえていえば、目標が達成され成功した場合に集団のまとまり、結びつきが強くなることを示しています。どうやら凝集性は生産性と直接に関連づけられるものではなく、その間にさまざまな媒介する要因を考慮する必要があるようです。

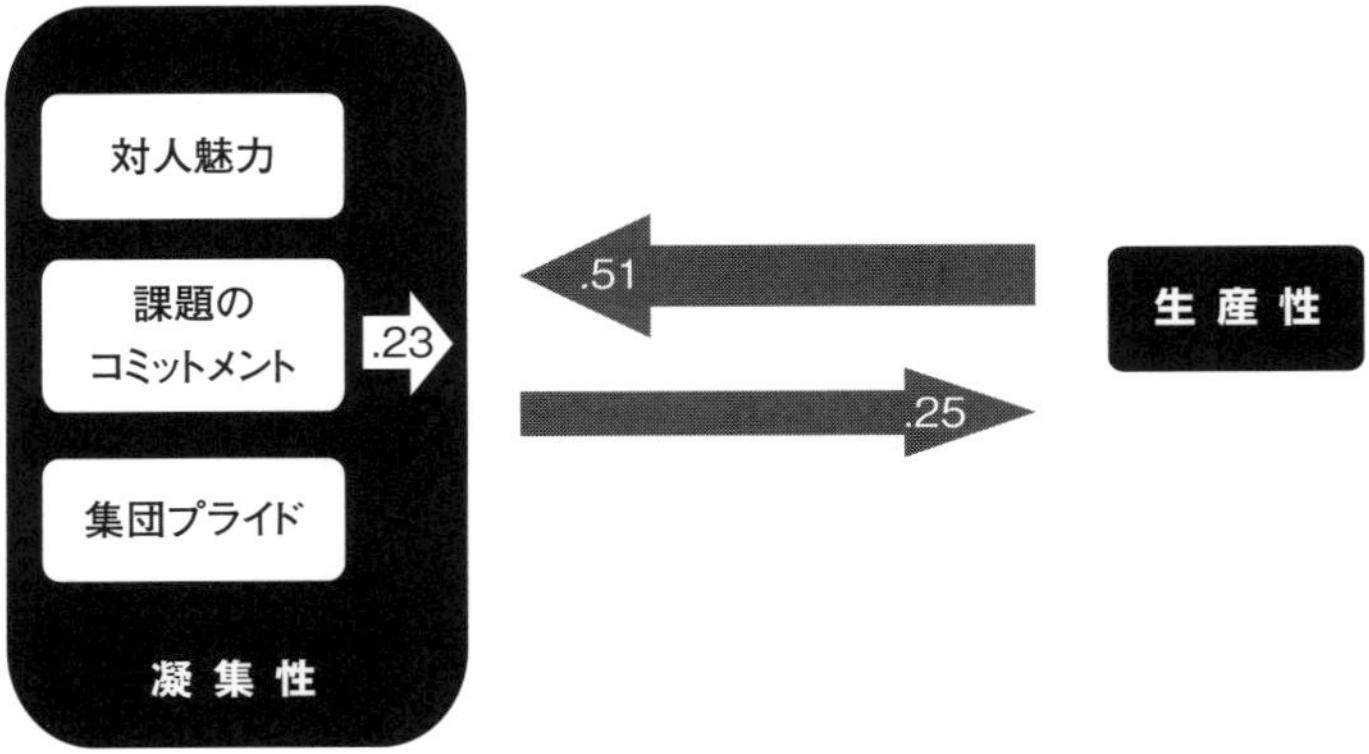

図６　凝集性と生産性のメタ分析結果（ミューレンとクッパー，1994）
凝集性と生産性の全体の相関は .23 で，.51 は生産性が凝集性に影響する度合い，.25 は凝集性が生産性に影響する程度を示す。

●構造化

構造化とは

集団が集団らしくなるのは、相互作用を通してメンバー間に一定の心理的結びつき、つまり関係性が生まれ、全体が一つのまとまりとなるからです。これを集団の構造化といいます。メンバー間のネットワークと見てもよいでしょう。そして、この構造化はどのようなネットワークで構成されるかによっても異なるので、さまざまなものがあります。たとえば、メンバー間のコミュニケーションの流れによるものであるとコミュニケーション構造、対人間の好意関係によるものであるとソシオメトリック構造などとよばれています。さらに勢力関係による構造化があり、それは役割と地位の関係で表されます。これらは別々のものではなく、それぞれの構造の間には密接な関係があり、重層的なものとなります。

さまざまな構造化は、ネットワークを形成する形態としては、以下のようなものでとらえます。まず「統合性」です。これは集団のまとまり具合で、下位構造と全体構造の結びつきの強さの度合いです。次に、「集中性」とは、中心に位置するメンバーと周辺のメンバーの分化の度合いのことです。権限が一カ所に集中していれば、集中性の高い構造といえます。さらに「階層性」とは、関係性の分化の程度で、階層性が強い場合、構造が複数の段階に分かれたもの（たとえば軍隊組織など）となります。その対極はフラットな構造です。そして、「稠密性（density）」は、結合の強さの程度を表しています。

以下、役割分化と構造、地位分化と構造、対人間好意の分化と構造から見ていきましょう。

役割分化と構造

集団の構造化は、メンバーの関係性を表すものです。関係性はまず各メンバーの位置づけから始まります。位置づけには役割が付随し、役割の分化が生まれます。役割は、集団内の特定の位置を含めた個人に期待された行動として示されます。次に、位置と役割が合わさり地位となります。たとえばリーダーの役割は、その集団にとって期待された役割に沿った行動を取得することで、いわゆるリーダーシップとなります。集団の目標に沿って方向づけした活動が始まると、メンバーはその地位に付随した活動を担います（役割分化）。それぞれの役割に従った活動は、全体の方向に向かって統合されます。ここには、集団の目標を達成するために、当面の課題に向けての役割と、一方ではそれを維持し、鼓舞するといった、対人関係を促進するための関係役割があります。後者はとくに社会情緒的役割（socio-emotional role）などとよばれることもあります。

なぜ役割分化が生じるか?

多くの集団では、集団内に役割が分化しメンバー間で異なった働きをします。なぜ集団では分化が起こるのでしょう。一つめは、分業です。メンバー一人ひとりには集団の目標を達成するのに十分な能力はないでしょう。また、達成に向けて求められるさまざまな能力、そしてその能力の程度、さらにはパーソナリティ、動機も各メンバーで異なります。そしてメンバーの集団参加の動機、パーソナリティなど、メンバーが集団で目指すものは異なります。一人では足りない部分や、メンバー同士の違いを、集団の目標達成に向けて効果的に組み合わせることで、構造化は協働体制となるのです。また、課題役割と関係役割の分化も重要です。この役割は時として、異なった行動が期待されます。課題と関係の役割を分化させることで活動が促進されます(叱咤激励する役割と、受容し慰め落ち着かせる役割は別々のメンバーの行動であってこそ効果的でしょう)。バーク(一九六七)は、この二つの役割行動の相関はマイナス〇・七三で、かなり異なった行動を期待されるとしています。これは同一のメンバーでは葛藤が生じやすく、また、周囲も戸惑うこととなるためと考えられます。

二つめの理由は、全体の行動として一貫性を与えるためです。役割行動は、集団から期待された行動です。期待された行動は、集団内で一貫した全体としてまとまった秩序を保つ必要があります。この体制化された役割関係は、相互に連携し合いネットワークを密にすることで効果的な生産につながるでしょう。そこで、役割関係は全体のなかでは統一のとれたものとなります。

そして三つめの理由は、ある一定の役割を担うことが、メンバーとしての集団内の明確な位置づけを示すものであるためです。この位置づけとそれに付随した役割遂行は、集団でのメンバーシップ性を明示し、集団所属感、社会的アイデンティティの維持ともなります。

役割分化が行われる際、各メンバーが、相互に合意した関係性がつくられると、その関係性を維持するようになり、役割関係意識は高まります。ジンバルド（二〇〇七）は最近の著書（『サタンの効果』）で、自らの「スタンフォード収監所の役割実験」を改めて検証しつつ、いったん役割が与えられると、メンバーはその役割を忠実に担おうとすることを考察しています。とくに役割が対応関係（この場合、収監人と看守）であると、両者の相互作用を通してそれぞれの役割行動を明確にし、互いに期待し期待に応じて、ますます役割にふさわしい行動をとるようになっていくのです。この実験では、この役割関係が度を越したため実験の中断を余儀なくされたいきさつも述べています。

地位関係と分化

メンバーの持つ影響力と権威との関係から、その構造を見るのが、地位関係とその分化です。これは、集団の役割が集団の目標方向、価値などから階層化した役割関係です。このネットワークは影響力（勢力）とその程度（階層）で示されます。地位は階層を示し、その階層の程度によって構造化されるので、地位の持つ勢力は権限として分化され、それに沿った位置づけ（ランク）となります。地位はそれに沿った役割と権限を有します。これはしばしば、「つつきの順位」（pecking order）とよばれます。大きな権限を持つ地位はそれだけの影響力を持ち、そのメンバーはほかのメンバーの思考・活動を先導する傾向があります。これが明文化され、各地位の勢力の関係が明示されると組織化された構造となります。そうなると、地位についたメンバーはほかのメンバーから積極的な評価、ランクを得て合意された権威ある者としてみなされます。

対人間好意の分化と構造

一方、集団にはメンバー間の好意、受容と拒否、魅力の関係からも分化し、構造化するものもあります。いわば対人魅力に基づいた関係で、これは地位・役割構造とは異なり、対等性、平等性に基づいた関係となります。しばしば魅力ネットワークや、ソシオメトリック関係（構造）ともいわれます。この場合、だれからも選択される人気人物（スター）が出現し、選択されることが少ない周辺者、さらには選択されることがない排斥者という関係で分化していきます。また、メンバー相互に選択し合う関係と、一方的に選択する関係があります。このようなメンバー間の心情的関係から、集団全体の関係性を見ると、全体として一つにまとまった形態のなかにいくつかの下位集団（クラスター、クリック）に分かれたものが存在することがわかります。関係性をつくる要因としては、対人魅力と同様の規定要因が働き、類似性（同質性）、互恵性、個人要因としての能力、身体的魅力などで説明できますが、さらに集団にとってふさわしい・望ましいメンバーとしての受容と排斥の関係もあります。そこで、対人魅力に基づいた関係は、好意を超えてさまざまな要因を含んだ関係構造となります。

●規範の形成

規範とは

集団全体が同じような考え方や行動をとるとき、その集団は内からも外からもまとまって見えます。集団のメンバーとなるということは、そもそも類似した者が集まり、集団を形成するのでそれは当然とも考えられます。しかし、それ以上に、集団過程では、メンバーが一定の規準、拠り所に従った行為をすることで、まとまったものとなります。このように集団における一定の思考・行動などの規準・判断の枠組みを規範（norm）といい、どの集団でも形成過程で何らかの規範が存在するとされています。ここで述べる規範とは、シェリフ（一九六九）によれば、「社会的ユニットのメンバーとして受容される行動と否認される行動の範囲を示す価値づけられたスケール」です。つまり、集団メンバーとして期待された思考・行動の枠組み（frame of reference）です。しかし、ここでの規範は必ずしも一般社会から判断して望ましい規準ではなく、たとえば非行グループのように、集団によっては一般社会とは異なった規範を持つ集団もあります。このようなことから、一般社会にとって望ましい規範を社会規範（social norm）とよぶこともあります。規範には暗黙のなかの了解事項から、規定集のように明示されたルール・規約まで広く存在します。たとえば会社の「ドレスコード（服装規定）」は、暗黙裡に全員に合意されたものや、規定として明示されたものもあります。社員はその会社の社員として、また役割や仕事内容にふさわしい服装を学び、そして実行します。

規範の発生

それでは規範はどのように発生し発達するのでしょうか。古典的研究としては、シェリフとシェリフ（一九三六）による集団基準発生の実験があります。ここでは、暗室での光点の動きの判断を用いています。光点は、暗室では自動運動をし、個人によって移動距離が異なることを利用しました。はじめ、実験参加者は個別に暗室に入り、光点の移動距離を報告します。そのあと、集団（二人、三人）で暗室に入り、順番に光点の動きをほかの参加者の前で報告します。試行を何度か繰り返すうちに、実験参加者の反応はある距離に収斂され、一定の距離に落ち着きます。さらに彼らが当該集団を離れ、個別に移動距離の判断を求められても、当初の個別の判断ではなく、集団で共有した距離の判断をしました。シェリフらはこれを集団基準とし、集団での相互作用を通して、そこに一定の基準が生まれ、それが規範の発生につながるとしました。

規範の働き——規範はなぜ集団にとって必要か

集団が発達すると、なぜ一定の判断の枠組みが生まれるのでしょうか。

大別すると個人側からの要請と集団側からの要請があります。個人側の要請として、フェスティンガー（一九五四）による社会比較過程理論からの説明があります。人には、自己の判断、意見、態度などの確かさを求めようとする基本的欲求があります。人は環境への秩序と予測を求め、価値を結びつけたものとして判断の枠組みを欲するのです。しかし、社会に関する事象は一般に、確かさ（これを社会的リアリティといいます）は不安定でその根拠もあいまいです。その場合、自分と同じ状況にある他者の判断が確かさを得るための手がかりとなります。これを主観的妥当性といい、とくにあいまいな状況で判断を求められると、周囲の判断、同じ状況にある他者の判断を拠り所にし、それが相互作用の過程で互いに影響し合い、結果的に、「みんなが行っていることだから多分確かだろう」となるのです。

一方で、集団側からの要請も重要で、以下の三つにまとめられます。

①集団の目標達成のため。集団目標とは、メンバー間で合意され共有された、集団が将来実現すべき方向です。そこで、集団の目標へ向かおうとする行動は受容・称賛され、阻害する行動は拒否されます。その受容・拒否の枠組みとして規範があります。

②集団の忠誠心（ロイヤリティ）の維持と他集団との差異化のため。集団らしさは集団の独自性であり、類似したほかの集団との差異を明確にするものでもあります。集団の「らしさ」が明確であれば、その「らしさ」にコミットし、メンバーを帰属させることも可能です。具体的には、集団独自の言葉づかい（隠語）、服装、シンボルマークなどで象徴させることでしょう。

③集団メンバーの協働活動の協応のため。集団が目的に向かって活動する際、ほかのメンバーとの共同作業となります。「力を合わせること」は、決められたやり方、ルールがあってそれを順守することで作業を効率的なものにします。このような集団独自のやり方、

ルールは、長期間の集団活動を通して、しきたり、慣習、伝統となり、企業風土、校風など、集団活動のなかで培われ、独自性として集団「らしさ」を表していくでしょう。

多様な規範と構造的特性

集団にはさまざまな規範が存在します。それぞれの規範は社会や集団に一定の判断の枠組みを与え、受容と拒否を明確にします。しかし、その強さ（強制力）は異なります。チャルディーニら（一九九〇）は規範を記述的規範（descriptive norm）と、指示的規範（prescriptive norm あるいは injunctive norm）に分けています。記述的規範は、一般社会、集団を超えて通常、多くの人によって行われる行為の規範です。しかし、指示的規範は、評価的意味合いを持ち、なかば強制力を持ち順守すれば承認され、違反すれば非難を浴び、何らかの制裁を伴うこともあります。記述的規範については順守しているかどうかとくに気づくことがないのに対して、指示的規範は意志的です。そのことに、従うか、背くかは自覚を伴います。また、ほかのメンバーの注目も集まります。そこで規範を犯せば、記述的規範なら「変わった人」ですが、指示的規範では「困った人」となります。そして、それは厳しい制裁を受けることもあり、集団からの排除まで伴うかもしれません。

リターン・ポテンシャル・モデル

ジャクソン（一九六〇）は、リターン・ポテンシャル・モデル（return potential model）として、規範に伴う行為の程度を行動次元とした、それが集団によってどの程度に受容（拒否）されるかを評価次元とした、行動の是認の可能性をグラフに描き、規範の構造的特性を検討しています（図7）。

①**最大リターン点**……行動の期待で最適水準です。最大の是認を受ける行動で、集団にとっての理想の型（もっとも望ましい適切の地点）といえます。

②**許容範囲**……許容の程度を示し、それを越えると排斥・非難を示します。メンバーが是認する行動の範囲でどこまでなら許されるかの行動の範囲を表したものです。

③**規範の強度**……行動次元の目盛りの位置から曲線までの距離の合計で得られる数値で、集団の是認・否認の感情の強さを示します。集団にとって重要な規範であるとこれが強くなり、集団からの圧力も強くなります。

④**是認―否認比（リターン・ポテンシャル点）**……是認部分と否認部分の比です。行為の規範は威嚇・禁止でつくられるか、促進・支持でつくられるかです。否認に対する是認の割合が大きいほど規範が支持的であり、小さいほど威嚇的であるといえます。時刻を厳守させる場合であれば、「遅刻厳禁」は威嚇的であり、「早めに来て気持ちを整えましょう」

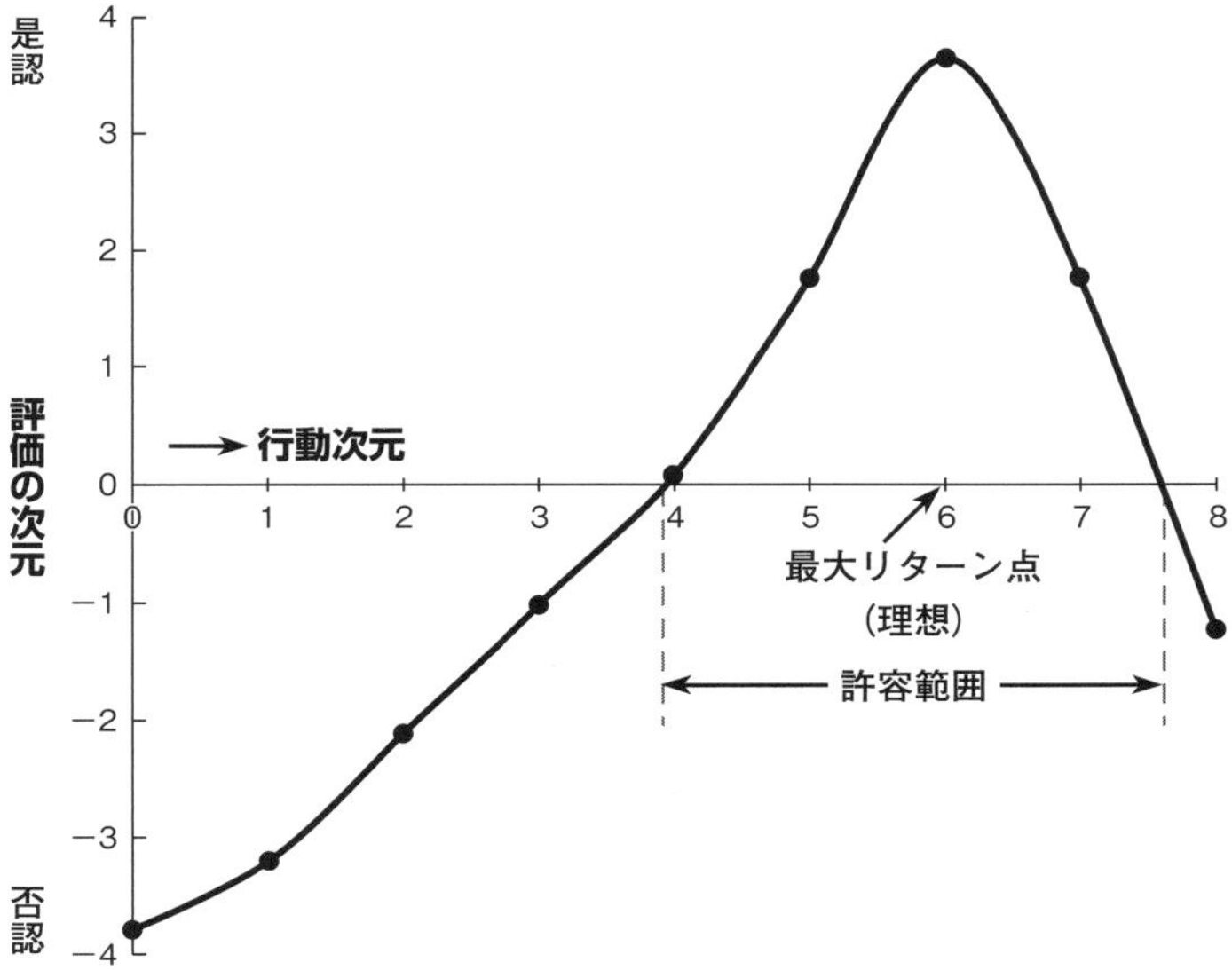

図７　規範のリターン・ポテンシャル・モデル（ジャクソン，1960）

は支持的であるといえます。

⑤規範の結晶度……メンバー間の分散度です。この分散の和が小さいほど結晶度は高く、集団内の合意が形成されているといえます。結晶度が低下すると、規範の認識が低下し、規範自体を崩壊に導くか、新たな規範が発生することが予測されます。

それぞれの集団にはさまざまな規範があります。許容範囲が広いものもあれば、特定の行動に限定されたものもあります。また規範に従わなくても大目に見られるものもあれば、厳しい制裁を伴うものもあります。社会集団における規範は、メンバーからの要請であるとともに、一方では集団側からはメンバーを方向づけ、さらにはそれに従うように働きかけてきます。それが集団の独自性と集団らしさを育むのです。

3・集団内の影響過程

集団内の多様な相互作用

集団内でメンバー間の相互作用が始まると、相互に影響を与え、与えられる関係になり、メンバーに思考・感情・行動の変容をもたらします。これを社会的影響といいます。これまで、この社会的影響は多くは集団の多数者（集団内のマジョリティ）、あるいは勢力のあるメンバーからの影響を指していました。多数という数の力が影響力を持つと解釈されていたわけです。しかし、多数者が力を持つだけではなく、少数者も影響力を持って集団を変えることもあります。つまり、双方向のダイナミックな影響過程といえます。さらに、社会的影響は暗黙のうちに行われる受動的・間接的なものから、意図的・直接的あるいは強制的なものまで、その強さも多様です。

一方では、メンバー間の影響過程は、相互作用を通して情報交換をしつつ、集団の目標に向けて協働し、その達成に向かうための相互依存関係です。そして、メンバー間には対人関係が生まれ、親和・友好などの関係が構築されます。しかし実際にはこの両者の区別は難しいでしょう。

●マジョリティの影響――同調行動

第2章でも触れたように、集団行動の多くは集団メンバーとして一定の枠組みのなかで行われ、集団の意向・期待に沿った行動は、集団メンバーにふさわしい行動とみなされます。このような行動を同調行動とよんでいます。同調行動（conformity）とは、集団メンバーの意見・判断・行為を集団の規準に合わせようとそれぞれ自らを変化させることです。この同調行動の生起については、アッシュ（一九五五）による古典的研究があります。

アッシュの同調行動実験

この実験はシンプルなものです。実験参加者は、集団（二人から一六人）で、図面上に示された三本の線分（比較刺激）のなかから、別の図で示された線分（標準刺激）と同じ長さのものを選ぶというものです。たとえば、八・七五インチ（約一九センチメートル）と同じ長さのものを一〇インチ、八・七五インチ、八インチのなかから見つけ出します。しかし、この集団は、一人の実験参加者を除いて残りは実験協力者で構成されています。三人以上の集団では、実験協力者のほうが多数者になります。彼らは、実験者に指示された一定の反応をします。それは、全部で一八試行のうち一二回は誤答、六回は正答で反応するというものです。そして、実験参加者は最後から二番目に反応します。その結果（図8）は、実験参加者は自らの判断を実験協力者たちの多数意見に変更するというものでした（つまり、同調行動）。その割合は全体の三六％でした。また全試行中、一回でも同調行動をした割合は七六・三％でした。しかし、図8を見ると、同調行動は集団サイズによって変動することがわかります。三人の集団になると三一・八％、七人では三七・一％となります。その後は、集団サイズが大きくなっても、同調行動の程度にほとんど変化はなくフラットな状態です。この集団の大きさは、多数者による集団の圧力となって実験参加者に影響力を与えたとみなされました。集団サイズと同調行動の変化は、実験の条件を変えても（ジェラード 一九六八）、あるいは現場観察（ミルグラムら 一九六九）からも同様のカーブを描くロバストな知見となりました。その後、ラタネ（一九八一）は社会的インパクト理論を提唱し、この結果を裏づけています。この理論は、社会的刺激を物理的刺激と同じように主観的感覚反応として受けとめることです。たとえば部屋に電灯をつけ、その後、電灯のワット数をあげる

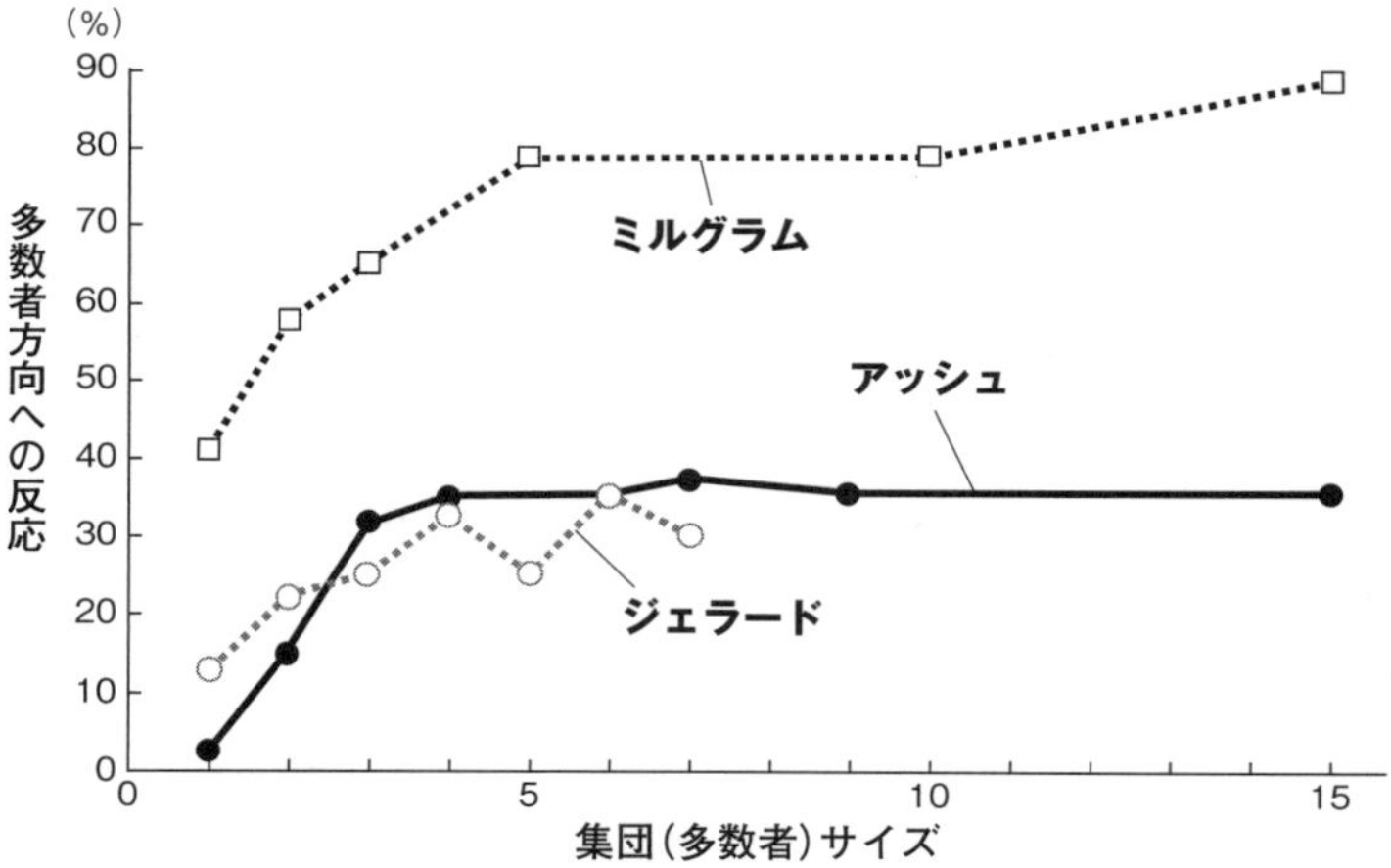

図 8　集団サイズと同調行動（アッシュ，1955；ジェラードら，1968；ミルグラムら，1969）

と部屋は急速に明るくなりますが、ある一定のワット数を超えると感じる明るさはさほど変わらなくなり、いずれ変化を感じとれなくなることのアナロジーで説明しています。

信念を変えて同調行動をするのはなぜ？

なぜ人は、自らの意見・信念を変えて集団に同調行動をするのでしょう。これまで明らかになったことは、まず一つめに、他者からの情報の影響があります。人は、あいまいな状況ではそれを解消するための確かさを求めます。つまり、妥当性の確認です。その場合、同じ状況にある他者の反応は事実を確認するための参考情報となるでしょう。そして、多数（者）の意見は「正しいこと」であるとして妥当性を得るための手がかりとなります。これは、ドイッチとジェラード（一九九五）が提唱した社会的影響としての情報的影響といえます。また、利用可能な情報へのヒューリスティック反応としても理解できます。情報が少ない、または制限されると、人は経験則で推測しようとします。とりあえずは目先の判断を頼りにするため、システマティックな思考より、直観的な判断に委ねます。アッシュは実験のなかで、実験協力者一人に真の実験参加者の意向に沿うよう条件を変化させたところ、同調行動は劇的に低下（五・五％）しました。これをマイノリティ同盟といっていますが、実験参加者はサポーターを得ることで、不確実さが低減したため同調行動を低下させたと理解できます。しかし、ターナー（一九八一）は別の解釈をしています。実験では、集団を構成したのは学生集団でした。学生というとりあえずのカテゴリーが判断の準拠枠を与え、あいまいな状況において自分と同じカテゴリーにくったことで、情報の手がかりとし同調行動をとったという解釈です。当面の集団メンバーとしての関係から影響を受けることで、これを準拠情報影響（referent informational influence）とよび、社会的影響の観点から説明しました。

二つめに、同調行動としての規範的影響があります。この規範的影響とは、集団の基準・価値・規範を自己内に取り入れることで集団から影響を受けることです。これは、先のドイッチとジェラードによるもう一つの社会的影響です。アッシュの実験では、この影響は明確ではありませんが、集団が発達しメンバーとして集団にコミットすると生じさせやすくなり、現実の集団では、この影響が強くなると考えられています。

さらに三つめとして、人と異なることへの恐れ、仲間外れの恐れが同調を促すということです。メンバーと同じ行動をとることで、その場での安心感、安定感を確保し、差異感から逃れることができます。

集団への同調行動を促し、逸脱行動を阻止

集団では、集団の規準・規範に従った多数者は、従わないメンバーに同調行動を促し、集団としての圧力をかけます。とくに、集団にとって重要な規範であればなおのことです。このような行為をする者は、集団側から見れば、逸脱者（deviant）です。集団に

とって、集団目標に合致する行動は望ましいもので、それに沿うように働きかけることは集団活動・維持に望ましいものとなります。そこで、逸脱者には圧力をかけ積極的に働きかけるでしょう。はじめは説得として、それが効果を持たなければ何らかの制裁として、次には拒否、ついには追放となります。シャクター（一九五一）の実験では、この流れを示しています。図9では、A群は逸脱行動群、B群はスライダー群（はじめ逸脱行動で途中から同調行動に変更）、C群ははじめから集団の意見に沿った反応（同調行動群）です。従属変数はA、B、C群に向けられたコミュニケーション量です。結果は、逸脱行動群に対するコミュニケーション量は集団の見解が具体化した時点から多くなります。しかし、途中で集団の意向に変更したスライダー群では、急速にコミュニケーション量が低下しました。

さまざまな同調行動と逸脱行動——地位関係

アッシュの実験結果でも、まったく同調行動を起こさなかった参加者が二四・〇％いました。このような個人差も影響要因の一つです。しかし、同調行動は集団要因による影響も強いことから、さまざまな集団要因が検討されてきました。そのなかで、とくに集団内の地位関係が注目されてきました。それは、地位の高いメンバーは、集団内では重要な役割を担うので、ロールモデルとしても自ら規範を守り、メンバーの手本とな

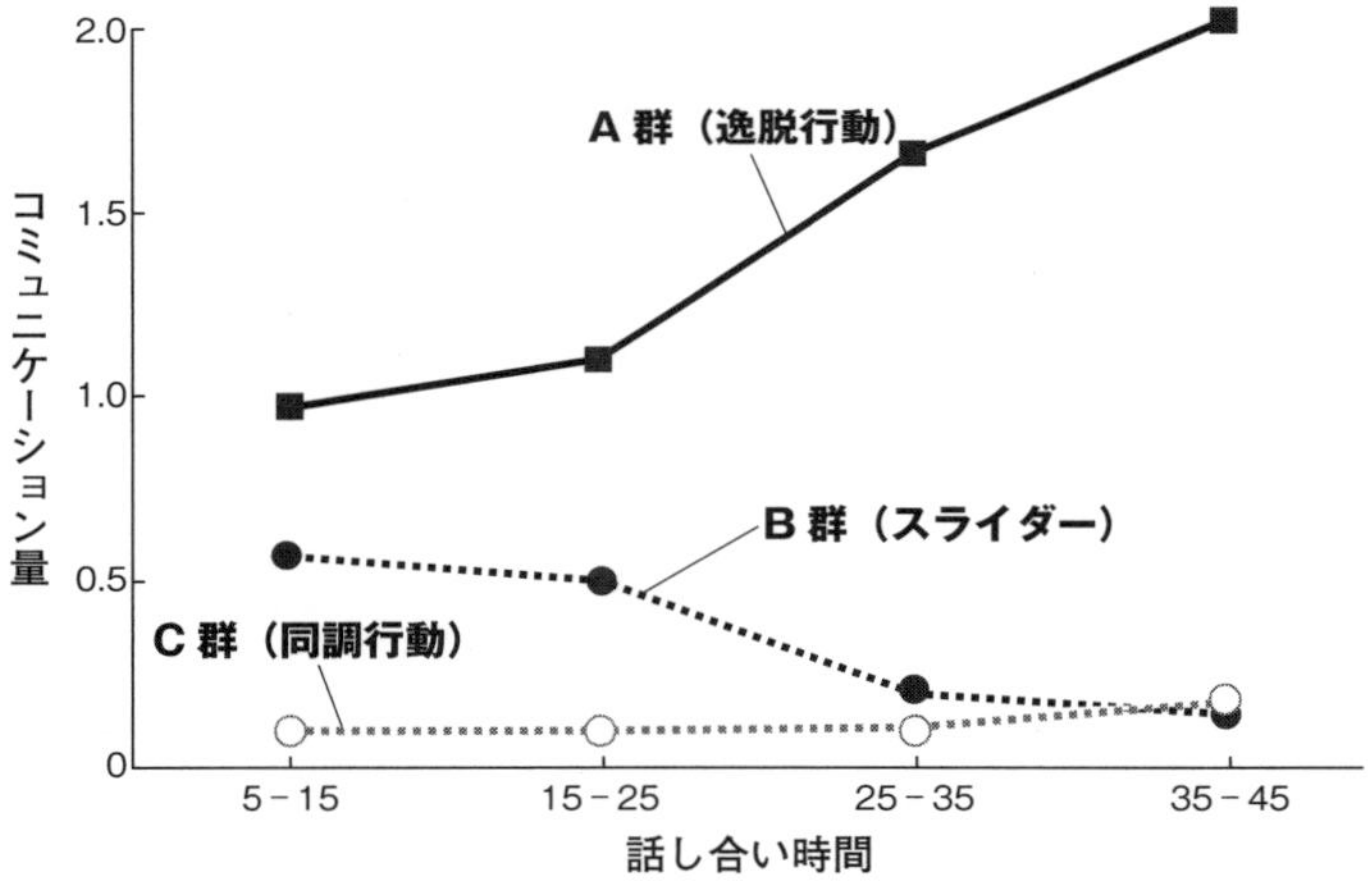

図９　逸脱者，スライダー，同調者へのコミュニケーション量
（シャクター，1951）

る必要があるからです。もし逸脱すると、ほかのメンバーから厳しい罰を受ける可能性もあります。一方、集団の目標達成をする上では、高地位のメンバーは、より広い社会へ適応するために集団内に新たな規範を導入し、改革に向けて集団を先導することも必要でしょう。そうすると、自ら規範から逸脱することも考えられます。

永田（一九八〇）の実験は、この疑問に対して、地位の高いメンバーによる同調行動・逸脱行動の関連は集団状況、課題環境によって異なることを示しています。この実験は、少年四人で構成された、二つの集団で同時に進行します。集団内ではリーダーの仕事が何であるかを明示し、その後、投票で四人のなかで一人のリーダー的地位（高地位者、班長）を選ばせます。集団活動では、課題（用途テスト）を提示し、二つの集団を競わせ、その出来具合によって一方の集団には成功の評価（優位集団）、他方の集団には劣勢評価（劣位集団）を操作し、それぞれのメンバーに告げます。その後、集団規範の評価をします。ここでの規範は、地位と役割の体制の維持に対する態度です。結果は図10に示すように、優位集団では高地位者は低地位者より既存の集団規範を支持し、劣位集団では高地位者のほうが逸脱的な態度を示すものでした。しかし、低地位者では集団の状況による違いはありませんでした。

また、特異性信頼（idiosyncrasy credits）のあるメンバーは逸脱が可能であると、ホラ

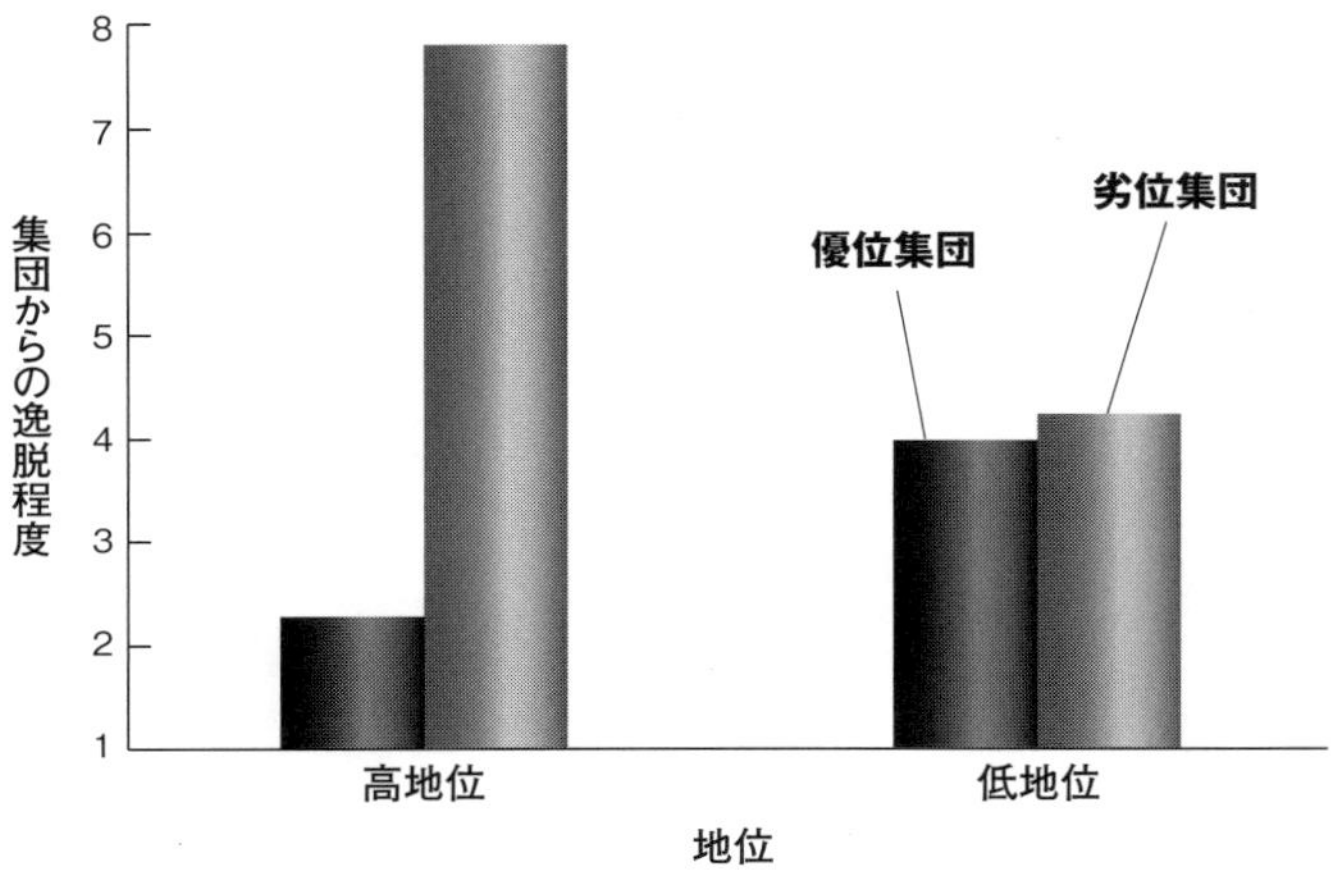

図 10　地位による集団からの逸脱の程度（永田，1980）

ンダー（一九五八）は指摘します。これは、個人に特別に備わった資質、たとえば、過去に集団に貢献（創業、集団の危機を救った歴史を持つなど）したことで、信頼を獲得したメンバーなどには逸脱の権限が与えられていることがあるというものです。

●マイノリティの影響
――変容と変革

これまで、社会的影響は暗黙のうちに、マジョリティ、つまり集団の多数者の力がほかの少数のメンバーに対する影響として検討されてきました。しかし、集団の多数者の行為、たとえば規範が形成されればそのまま維持されることもありますが、状況によって、また集団を囲む社会的情勢によって変容することもしばしばです。マジョリティからの社会的影響を中心として扱ってきたこれまでの視点に異議を唱えたのは、モスコヴィッチら（一九六九、一九七六）でした。彼らは、社会・集団を変革させる影響力を持ちうるマイノリティ、とくに積極的な意志を持ったアクティブなマイノリティに着目しました。エコロジー運動は、何年か前はまだマイノリティの関心でしたが、現在は社会全体の規範になりつつあります。またワークライフ・バランスなどでしばしば話題になる男性育児休業取得者も、いまは多くの官庁・企業ではマイノリティですが、いずれ社会の規範となり、取得するのが当たり前で何らの後ろめたさも感じなくなる日が来るかもしれません。このような社会・集団の新たな動きの芽は、最初は小さな力であるけれど、いずれ受容された規範・信念となり、社会・集団を変容・変革し展開させていくのです。しかし、その影響力は、同調行動のようなマジョリティの集団圧力は働きません。ではどのような力が働いて、マイノリティはマジョリティを動かすのでしょうか？

変革の発生モデル

モスコヴィッチら（一九六九）は、集団の相互作用は、一方的な集団圧力（多数者による影響力）ではなく、互いに影響し合う双方向の社会的相互交換であるとしました。これまで、変容過程では同調行動だけに注目していましたが、それ以外にも、双方の妥協から合意点を見出す（規範化）こと、さらにはマイノリティがマジョリティに影響を与える変革・革新があります。マイノリティの影響力は、現実の否定、新たな規範を創生する働きがあります。歴史的にも社会・集団の改革では、時として小さな力から始まり、社会・集団を動かし全体へと広がっていったのです。彼は、この影響力は少数の人々によるものなので、マジョリティのような多数の影響力とは異なるメカニズムが働くと考えました。それは、マイノリティはマジョリティの個人内に、それまでの判断とマイノリティによる新たな判断の認知的葛藤を生じさせ、新たな意見・判断へ向かわせることです。そしてその認知的葛藤が行動のスタイルによって起こされるとしました。たとえば、マイノリティの一貫したぶれない意見や行動に接することで、一貫性という行動スタイルからマジョリティが当人の確信と信念を読み取り、自らのこれまでの意見を転向（conversion）させることです。ここでいう行動スタイルとは、人が影響を受ける説得の言葉の背後にある象徴化された行為のことです。この行動スタイルには一貫性、自律性、心的投資などがあります。彼の研究では、一貫性のある行動スタイルからこれらの理論が実証されています。一貫性とは、一定の基準をもって状況に応じたぶれない行為です。この行為自体が他者にとって象徴的な意味合いとなり、その意見判断に確信を持たせる手がかりを与えるとしています。つまり、妥当性の高い行動スタイルであることです。

実験の一つは、六人集団（四人の実験参加者・二人の実験協力者）に二八枚のスライドを提示して色の判断を求めるという方法で行われました。ここではマジョリティが実験参加者で、マイノリティが実験操作上の協力者です。このスライドで提示した色は、予備調査で大多数が「青」と反応した色です。それには明るさで五段階があります。A群（実験協力者がすべてに「緑」と反応）、B群（実験協力者はすべてに「緑—青」と反応）、C群（実験協力者が一四枚にランダムに「緑」、あるいは一四枚に「青」）、D群（実験協力者が一四枚の明るいスライドに「緑」、薄暗いスライドに「緑—青」）、E群（実験協力者が一四枚の明るいスライドに「緑—青」、薄暗いスライドに「緑」と反応）です。D群とE群が実験群で、カウンターパートになっていて、状況に応じた反応になっています。従属変数は「緑」の反応数です。結果は、実験群のD、E群では九％と小さいものの多数である実験参加者は、C群のランダムな反応（一％）より、マジョリティに及ぼす影響は大きいものでした（図11）。つまり、一貫性といっても、状況がどう変わっても一貫しているのではなく、状況に応じた一貫性であるということです。

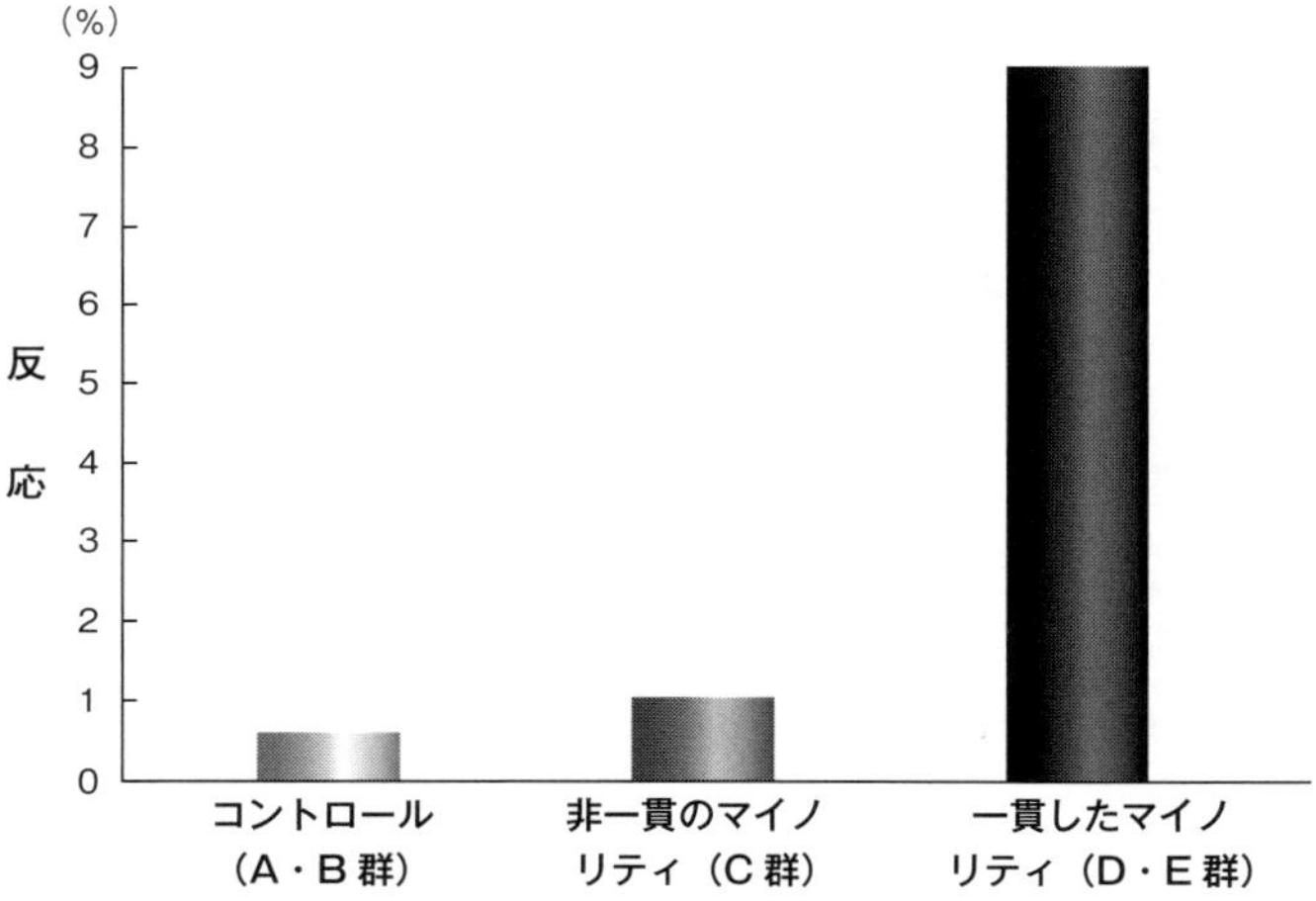

図11　マジョリティのグリーン反応（モスコヴィッチら，1969）

二元プロセス

マジョリティからであれ、マイノリティからであれ、社会的影響として、自らの意見・信念や判断を変容するという点で、行動の結果として両者は同じです。しかし、モスコヴィッチはこの両者の心的過程はまったく異なるものであるとしています。マジョリティからの影響は、多数者という暗黙の力によって生じた信念態度の変更、つまり同調行動と解釈できます。これは表面的（他者に沿う）な行動変容で公的受容です。

しかし、マイノリティからの影響は、自己の内部で生じた認知的葛藤を通して、それを解決する過程として生じたもので、自己内部の変容、つまり私的受容です。このように、両者は異なった心的過程にあり、それを二元プロセスとしました。その後、それを裏づける検証が発表されました。たとえば、マースとクラーク（一九八六）は「ゲイの人権」に中庸な意見の持ち主を実験参加者として、マジョリティが賛成・マイノリティが反対条件と、その逆の条件（マジョリティが反対・マイノリティが賛成）と、公的態度条件（公的発言）と私的態度条件（匿名性を高める）を設定して実験を行いました。公的態度条件ではマジョリティが賛成条件では賛成に、マジョリティが反対条件では反対に変容しました。また私的態度条件では、マイノリティが賛成条件では賛成方向に、マイノリティが反対条件では反対にそれぞれ変容しました。このことから、公的態度では公的受容、私的態度では私的受容（転向あるいは内面化）と、変容の際の心的過程は異なることを明らかにしています（図12）。

単一プロセス

それに対して、両者は同じ過程であるとするのは先ほど述べたラタネによる社会的インパクトで説明する単一プロセスです。ここでは、社会影響は多数者の強度（S、地位、専門性）、直接性（I、空間的・時間的近接性）、そして人数（N）の関数関係とし、

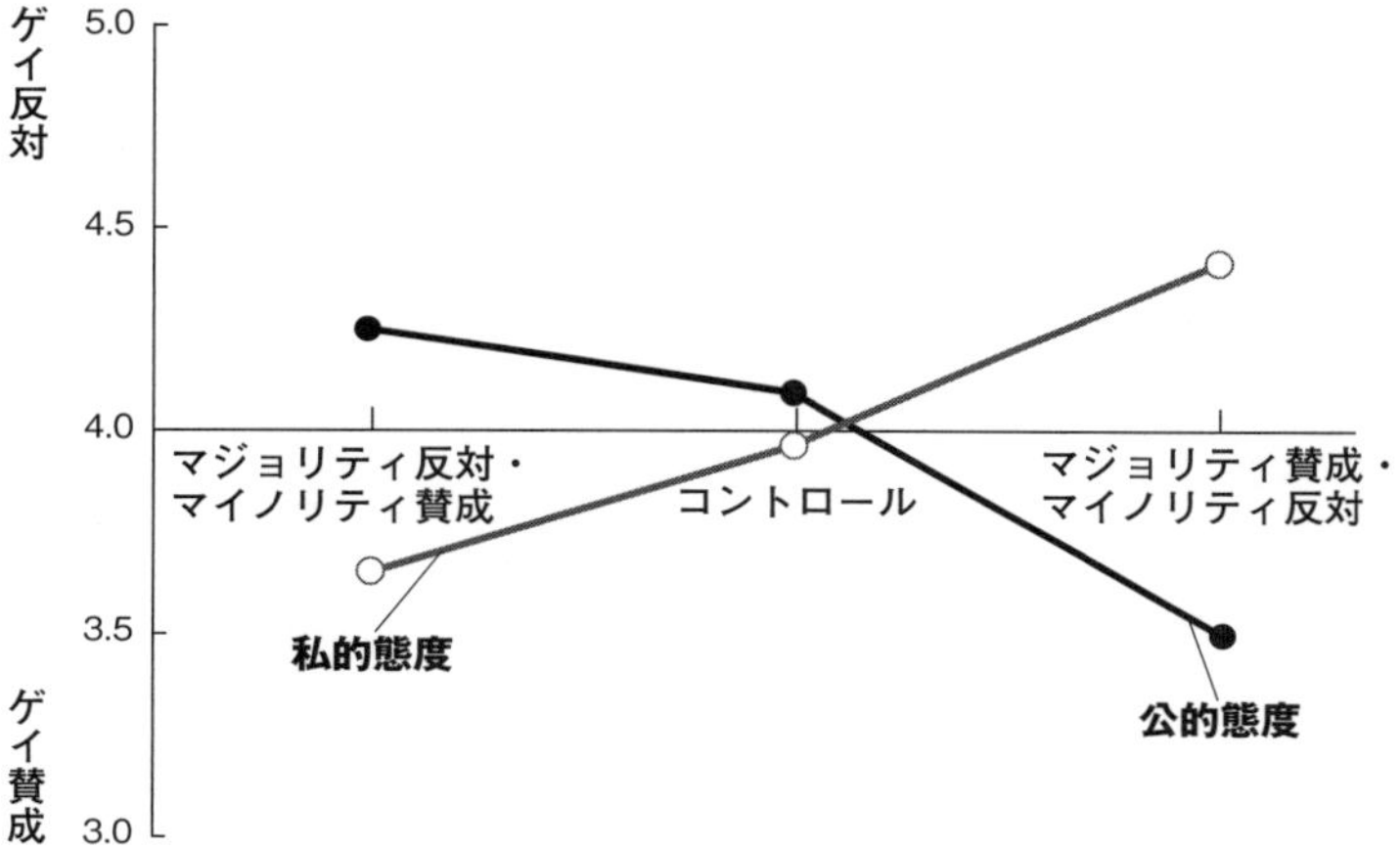

図 12　マジョリティ・マイノリティにおける公的・私的態度の変化
（マースとクラーク，1986）

社会的影響＝f（SIN）

として示しています。ウォルフとラタネ（一九八三）は、この影響力を対数関数で示したモデルに当てはめることで明らかにしています（図13）。これはレストランの専門知識の程度（強・弱）とその情報から、マジョリティ・マイノリティ条件を操作しています。集団六人のうち一人の肯定情報（と五人の否定情報）、あるいは五人の肯定情報（と一人の否定情報）で、マジョリティを増やしていきます。もっともマジョリティが強いのは六人の肯定情報（あるいは否定情報）です。図では全体でマジョリティの動向に沿っていますが、とくに強い専門性の肯定情報で望ましさの態度がもっとも変容しました。それはマジョリティが強まるにつれ強くなりました。

この両者の違いは、二元プロセスが質の変容として強調している点です。質では私的変化、つまり内面化がどのようなプロセスであるかの説明になります。しかし、スタンガー（二〇〇四）は、単一プロセスで実証結果が多く、そして現実場面での裏づけも多いとしています。とくに、二元プロセスにおいては態度表明など行動レベルでの違いはなく、認知的プロセス、あるいはその後の行動で把握する必要があり、このことを通してまだ十分には明確になっていないと指摘しています。

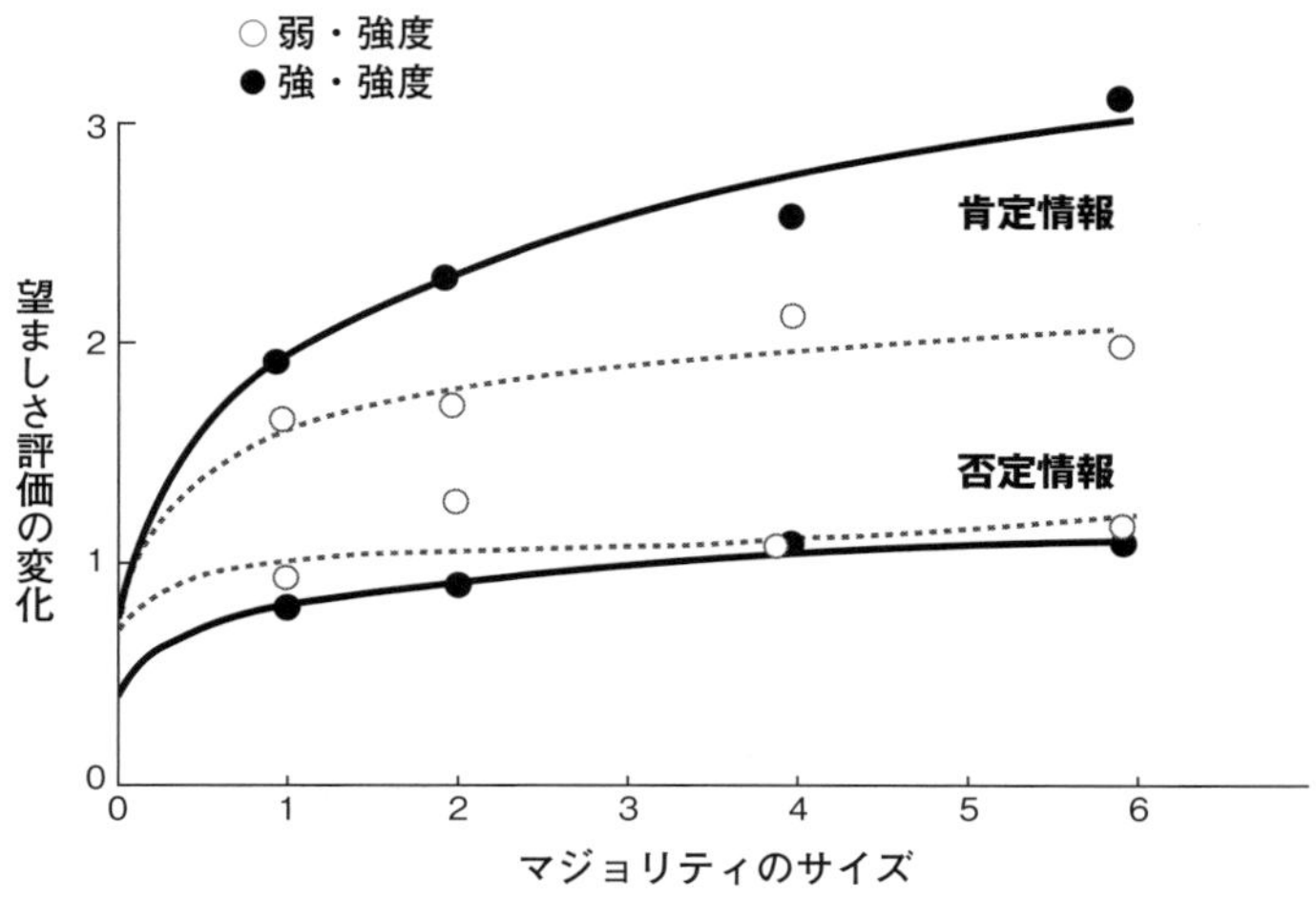

図 13　肯定・否定情報への多数者の影響（ウォルフとラタネ，1983）

●強制力としての社会的影響

これまで述べてきた社会的影響はメンバーがそれを認識するかどうかは別として、直接的な働きかけはないものでした。しかし、意図的に影響力を行使してメンバーに働きかけ、影響をもたらすことも集団ではしばしば見られます。このような影響力を勢力的影響とよび、集団にはさまざまな勢力の源泉があることを、フレンチら（一九五九）は以下のようにまとめています。

①報酬的……メンバーが望む安全・経済的サポート、社会的承認を与える。
②強制的……選択の自由を制限し、圧力をかけ、相手の行動を妨害、身体的自由の制限をする。
③合法的……社会的・行政的な位置、役割などでその力の正当性が認められている。
④参照的……メンバーのなかで、参照の対象者となる、モデル、指導者、あるいはメンターとしてのカリスマ的存在。
⑤専門性……優れた情報の提供者、専門家としてのアイディア、見解を示す。
⑥情報的……知識の伝達、一般的な知識、当該集団の過去の情報などを示す。

これらの影響力は単独より複合的に作用し、しばしば服従を伴った強制的なものとして、メンバーに働きかけます。

権威のある強制力の影響

このような強制的な影響力に合理性が認められれば、それは権威（authority）が備わった力として作用します。権威からの影響はいわば指示的で、メンバーとしてそれに従うことが求められます。いったん権威が備わり強制力を持つと、集団メンバーに圧倒的な力を持ってその影響力を行使することを検証したのが、ミルグラム（一九七四）による権威への服従実験です。第二次世界大戦時、ナチス・ドイツ時代のユダヤ人ホロコーストの責任者の一人アイヒマンは、戦後イスラエルで裁判を受けました。ミルグラムは、そこでの彼自身のありふれた人物像と彼の証言内容に衝撃を受け、この実験のきっかけとなりました（そこでサブタイトルはアイヒマン実験としています）。特異な性質を持った人物でなく、極めて小市民的で、平凡な人物がなぜ、命令に従って（と彼はいった）残虐行為を行ったのだろうかと。

ミルグラムの実験

この実験では、実験参加者をアメリカ東部の大学のあるコミュニティから募り、さまざまの職種、年齢層で構成されました。実験は大学の実験室（実験操作は市内の工場でも行った）で行われ、応募で集まった参加者への説明は、記憶の学習効果を調べるもので、これは心理学に貢献するだろうというものです。実際、実験は先生役と生徒役に分かれ、生徒役になった人は連合学習をし、もし誤答したなら、先生役になった者が生徒役に罰を与えます。罰は電気ショックで、それは一五V（ボルト）から四五〇Vの一五段階のステップに分けられています。あらかじめ先生役には四五Vを体験させます。操作では役割はくじで決めるのですが、実験参加者は先生役になるよう操作されていて、生徒役は実験協力者です。実験では、先生役のそばに実験者がいて、もし生徒が誤った反応をしたら、罰を促します。実験はいくつかあり、それによって条件が異なりますが、もっとも著名な実験は、電気ショックを与える者（先生役）との近接性を操作したものです。条件は遠隔（生徒役が見えない別室）、声のみのフィードバック（生徒役は見えないがショックを受けた反応は聞こえる）、同室（同室で離れている）、直接タッチ（実際に生徒役の手に触れる）の四条件です。結果は図14に示したように当初予測したより、劇的なものとなりました。罰の強さは対象者（生徒役）との距離が遠くなるほど、強くしています。全体では六五％の参加者が四五〇Vに従いました。近接性によって、罰の強度が異なることがわかります。

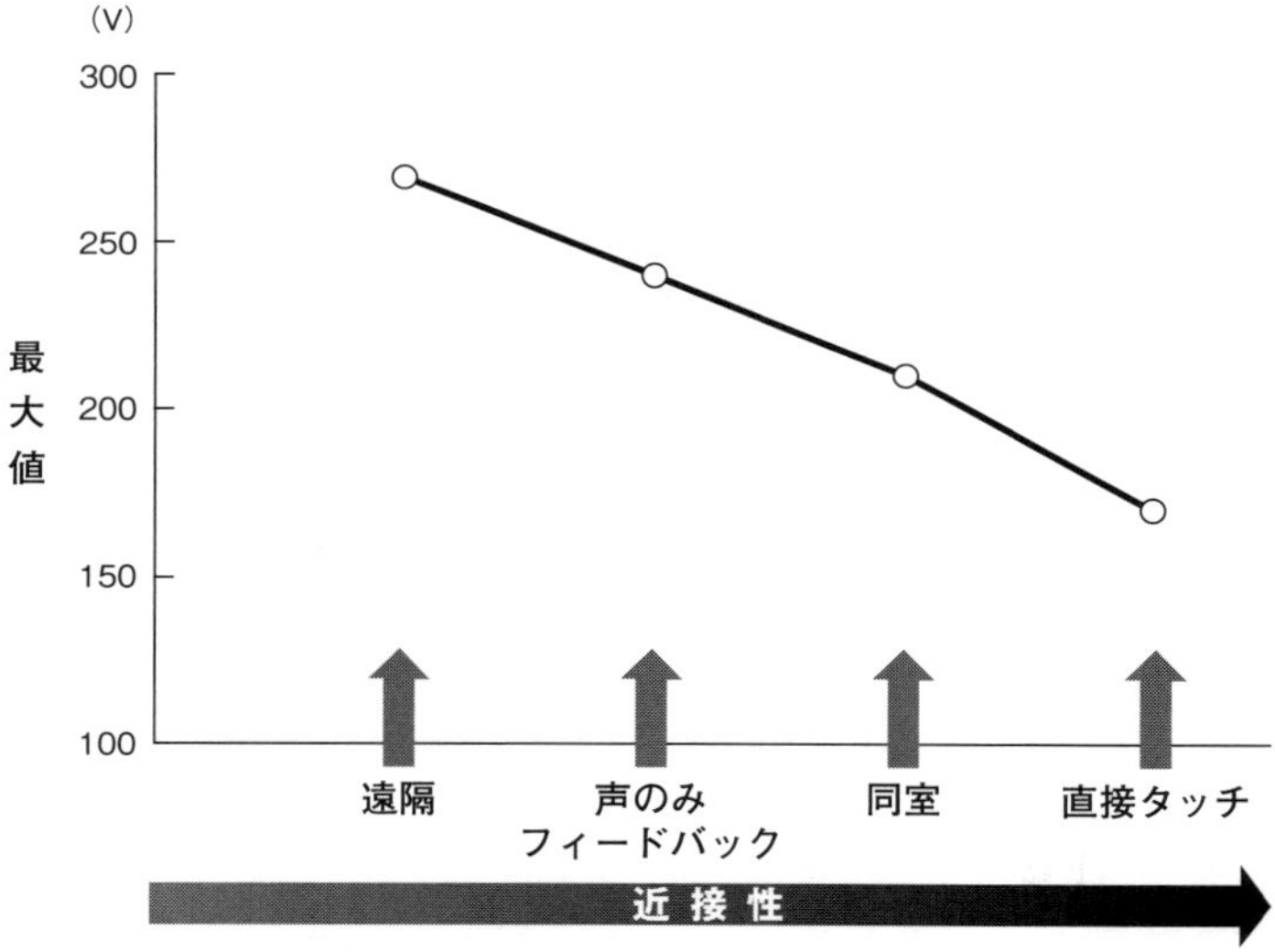

図 14　近接性による服従の効果（ミルグラム，1974）

なぜ命令に従って苦痛を与えたのだろうか?

強制力に従う理由としてまず、①代理行為（agentic state）として、自らを権威者の代理人とみなすことです。つまり、自分の意志ではなく、命令に従った行動と考えることです。また、②目的を優先（手段を犠牲にしても）することです。目的が優れていて、それが社会的にあるいは当面の集団にとって有意義であれば、それを達成するために手段を犠牲にすることも許されると考えることです。さらに、③役割行動として期待された行動を演じることです。ここでは先生という役割にふさわしい行動を自ら求めることです。そして、④実験へのコミットメントです。実験参加者として自ら実験に参加したので自らの行為を全うする（実験参加者として最後まで付き合う）ためには実験者の指示に従う必要があると考えたと思われます。

この一連の実験は大きな反響をよびました。一つは、人間の権威への無謀な服従を実証し、人の攻撃性を明らかにしたことです。もう一つは、研究のあり方です。科学のためといいながら、人権を無視した方法への批判です。心理学でも倫理綱領が求められるきっかけともなりました。

現在、この実験はどのように評価されているのでしょうか。ブラス（一九九九、二〇〇四）は約三〇年たって改めてこの一連（一〇種の実験）の実験を検証しています。この実験は合法的勢力と、科学の専門家としての専門性の二つの強制力が権威の根拠をもたらしたこと。そしてこの強制力は極めて強力で、現在もなお健在なこと。この知見は広くいきわたり、人々に啓発的効果をもたらし、予防的処置（実はこれが重要なことですがこのような状況をつくらない、避ける）としての効果はありますが、いったんこのような状況に陥ると、時代を超えて彼の実験結果は支持されて、現在もこの傾向は検証されていること。さらに性差はほとんどないこと、などを多くの文献から検証しています。

●協力と葛藤

集団内コンフリクトとは

集団の相互作用は、メンバーにとって集団目標にかなった、あるいは集団維持にとってメンバー同士が友好で結束が強まる関係ばかりではありません。しばしば、メンバー間では摩擦・葛藤が生じます。このような集団内の摩擦・葛藤を集団内コンフリクトとよびます。これは集団内の一人、あるいは何人かのメンバーの行為・信念がほかの集団メンバーに受け入れられない、あるいは反対されたときに生じる不一致の状態です。では目標達成を阻害する、集団にとって望ましくない、自分と合わない考え方や価値観を持ったメンバーがなぜ生まれるのでしょうか。

また、もしそのようなメンバーが現れたらどのように対処すればよいのでしょうか。あるいはメンバーとしてどのように折り合いをつければよいのでしょうか。

コンフリクトを生じさせる原因はさまざまです。集団に特有なものとしては、ⓐ多くの場合、コンフリクトを説明するのに、相手のマイナスの資質（能力、無理強いする、感情的）を問題にする。しかし、否定的評価は個人的評価としてではなく、集団のメンバーとして不当、不適任という理由を正当化させる（自分たちの集団にとってふさわしくない、評判を落とす、集団目標を妨げる）。ⓑ行為の帰属を個人の資質によるものと考え（集団の問題でなく、集団自体に原因はない）、活動上のミスを集団・組織より、個人の資質（不注意、怠慢）に、不正行為は個人の責任に帰属（とくに上司）させる。ⓒ役割行動としての、期待の不一致。集団の相互作用が深化するにつれて、役割行動関係としての集団の機能的相互作用（集団目標に向かっての道具的相互作用）が、相手の期待・予測と実際の遂行が一致しないことによる葛藤（リーダーとしての役割を果たしていない）。

といったものがあります。

これらは集団にとって緊張を生じさせることから、集団内でのマイナス面が強調されます。しかし一方で、これを起点に集団を見直すきっかけともなります。それは、①新たな視点への関心、②コミュニケーションの活発化、③問題の顕在化（解決しようとする意志）、④他メンバーへの配慮（相互理解を促す）、⑤葛藤解決の仕方（方法）の学習、などの利点もあり、葛藤が生じたら回避するのではなく、あえて関与することも必要です。葛藤は集団にとって集団移行・活動していくなかでのノーマルなサインであるかもしれません。葛藤への関わり方次第で、メンバー同士がよりよい関係を築き、さらなる望ましい状態へと集団が移行することもありうるのです。

協同・競争としての相互作用

集団内の相互依存関係は、課題達成に向けての相互作用ですが、それが相互に目標に向かって促進的なものであるか、阻害的なものであるかで分類したのはドイッチ（一九四九）です。彼は、集団の目標達成に向かう協力的相互作用を助長的相互作用、一方、個人の目標達成によるメンバー間の競合関係、あるいは集団目標と個人目標の競合関係となることを阻害的相互作用としました。集団にはこの両者が拮抗して存在します。集団への参加は、そこに個人的動機達成（報酬、社会的地位、安定性、キャリア、好きな仕事など）があり、個人的利益（self interest）が優先します。また同時に、集団としての動機（集団の目標達成、集団の維持・存続など）もあり、これは全体の利益（public interest）として、協力・協同（他メンバーとの協力・譲り合い）を求め、集団は目標達成を遂げ、それが個々人に還元されることで各メンバーにとっては有益であるためです。

この協力・協同関係は集団目標の達成が効果的になるばかりでなく、メンバー同士の関係も良好なものとなるため、集団にとっては望ましいものとしています。たとえば、アーガイル（一九九一）は、「協同」を社会関係のなかで共有したゴールを追求するため一緒に行動し、関係を促進し、相互の報酬に向けて行動（mutual reinforcement）すること、また相互作用を通した社会的情緒的サポート、そして共有された活動（コミュニケーション、共行動）としています。

協同・競争としての相互作用
——ローゼンバウムらの実験

この協力・協同行動の集団への影響をシステマティックに検証した、ローゼンバウムら（一九八〇）らによる協力と競争を同時に組み込んだ実験は示唆に富むものです。実験参加者は学生が三人一組となった集団で、課題はブロックを積んでタワーを組み立てる作業です。ブロック数を多く使ったタワーほど生産性が高いとします。独立変数は相互依存の高低で、相互依存の高い群は三人で一つのタワーの作成（シングルタワー）、低い群は個別でタワー作成（個別タワー）です。報酬条件は協力、競争、独立の三つです。協力は全員の成果（ブロック数）の平均値が各メンバーの報酬となり、競争は三人のなかでもっとも貢献した（ブロック数が多い）メンバーだけに報酬を与え、独立はメンバーごとのブロック数が報酬となります。従属変数はブロック数、失敗数（壊したり、落としたブロック数）、不一致数（メンバー間の成果の差）、役割交代、そして事後に質問紙回答で求めた対人魅力反応です。結果は、相互依存の条件により異なり、ブロック数は、高相互依存群（シングルタワー）では、協力がもっとも多く、次いで独立、そして競争となりました。失敗数では競争が多く、次いで独立、そして協力でした（図15）。また低相互依存群（個別タワー）ではブロック数では大きな差はありませんでした。その他失敗数は、競争、次いで協力、そして独立でした。このように高相互依存関係では、協力し合うことで相互作用が促進され、また、相互の対人的魅力も高まるという結果になりました。

さらに実験2では、協力と競争を同時に組んだ実験を行っています。協力と競争の割合を独立変数としました。完全協力（一〇〇％）から八〇％協力（八〇％の協力、二〇％の競争）、五〇％協力（五〇％の協力と競争）、二〇％協力（二〇％の協力、八〇％の競争）、完全競争です。協力・競争は報酬構造で変化させました。結果は一〇〇％条件とその他の間だけに統計的に有意な差がありました（図16）。これは、わずかな競争が入っても生産

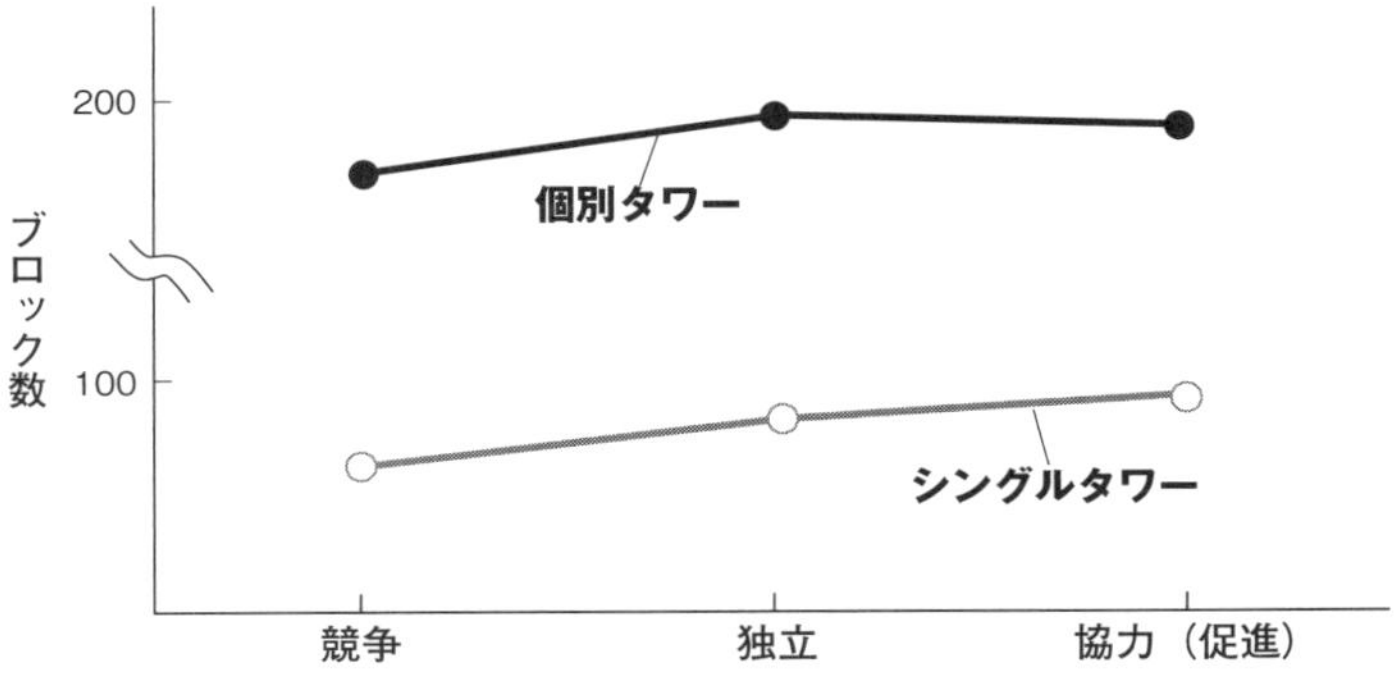

図 15　相互作用（シングルタワーと個別タワー）によるブロック数
（ローゼンバウムら，1980）

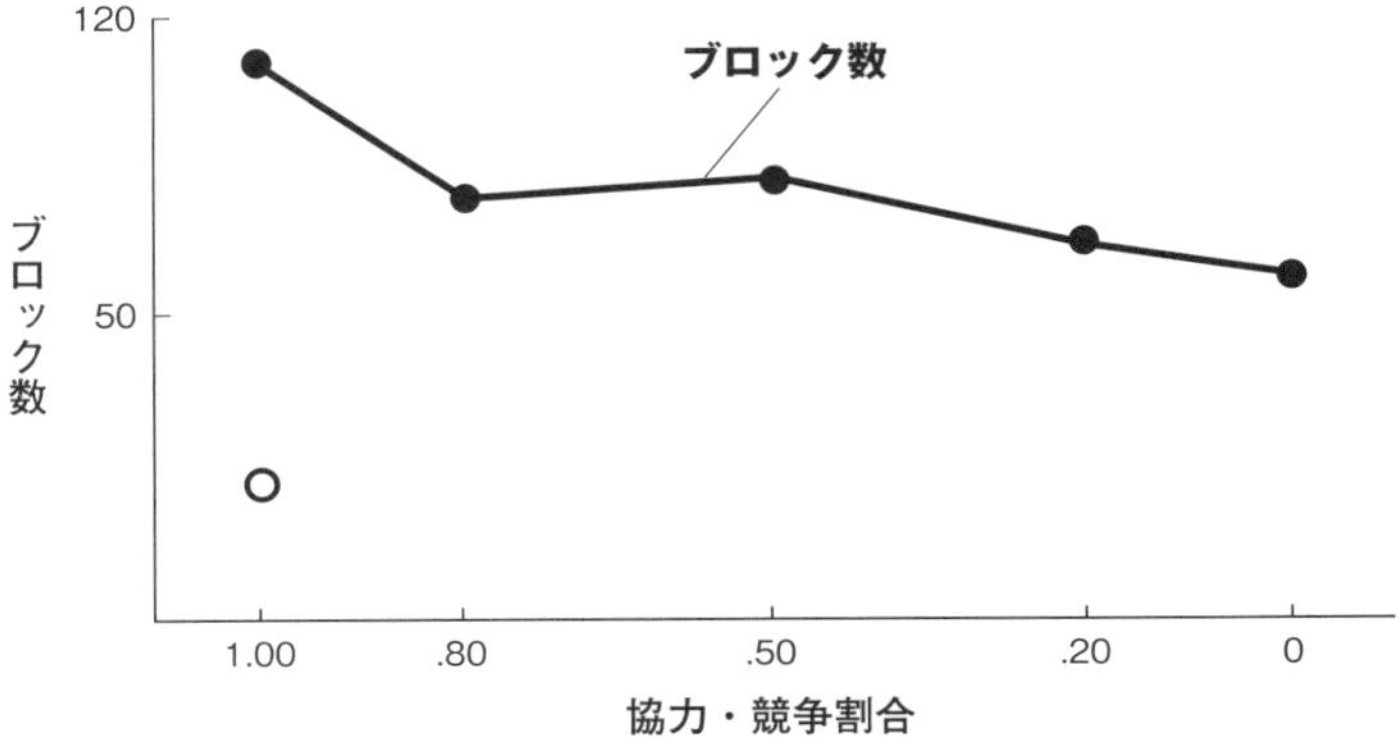

図 16　協力・競争の割合によるブロック数
（ローゼンバウムら，1980）

性は損なわれることを意味しています。このように、協力行動では集団の目標達成を促進するばかりでなく、相互作用を通して対人関係も促進され、メンバーの情動面にも影響を与えるのです。

●社会的ジレンマ

多くの研究は、協力の相互作用が生産性を高めるばかりでなく、メンバー同士の関係も良好にし、集団全体にとって好ましい結果を示しています。しかし、いつもどの集団でも協力行動だけではありません。先にも述べたように、メンバーの集団加入には個人の利益追求が重要な動機となっている場合、メンバー間では競合が生じ、また個人の目的と集団の目標との間に競合が生じれば、競争的相互作用も生じます。

もし、あるメンバーが個人の利益を優先させるなら、集団活動としては非協力（競争選択）のほうが望ましい結果を得る（非協力の誘惑）と考えるかもしれません。しかし、だれもが非協力的な行動をすれば、集団自体は維持されず、崩壊することもあります。ボランティアグループで、活動を維持するために役員を引き受けるメンバーが少なければ、その少数のメンバーの負担が大きくなるでしょうし、だれも引き受けなければ、その活動グループは存続できなくなるかもしれません。

このような状況を社会的ジレンマとよび、ドウズ（一九八八）は以下のような三つの条件を規定しています。

①一人ひとりの人間にとって協力か非協力かのどちらも選択できる状況にある。

②この状況で、一人ひとりにとっては協力を選択するより、非協力を選択するほうが望ましい結果が得られる。

③全員が個人にとっては有利な非協力を選択した場合の結果は、全員が協力を選択した場合の結果よりも悪いものとなる。

ハーディン（一九六八）は、「共有地の悲劇」のたとえ話から、このようなジレンマは相互作用のある社会関係性にある集団であれば、公共利益と個人利益の絡まる問題として、チームから、組織、国家、国際関係まで広がると指摘しました。

戦略的合理性志向

この理論的背景には、社会的交換説があります。これによると人は合理的行動（rational behavior）を目指してコストをできるだけ少なく、しかし最大の利益を求める行動選択をするとします。それは非協力の誘惑です。しかし、このようなメンバーの非協力的相互作用は集団にとって好ましくなく、摩擦・葛藤の原因ともなります。では、この非協力的相互作用を行うメンバーに、協力することの有効性を認識させ、行動を変容させることができるでしょうか。この視点から社会的ジレンマをとらえたアプローチが戦略的合理性アプローチ（山岸 一九八九）です。もし、人が合理的行動を目指すなら、他者との相互作用では、自己の行動が他者に与える影響を考慮に入れつつ相互作用を行い、自己の選択の結果を予測し、その予測に基づいて合理的（自分にとって有利な結果に導くため）に行動するはずです。たとえば、非協力的行動は、一見自分にとっては有利であっても、相互作用過程でこのような他者が増大すると、集団の目標達成は困難になるでしょう。しかし、協力行動を相手にとらせることで、結果的に自分の利益（非協力行動より少ないかもしれないが）につながるでしょう。「情けは人のためならず」です。非協力的行動を阻止する行為は結果的に自分にとって有利な選択となるのです。

この実証的方法としてゲーム理論を使った研究があります。これは、最少の相互作用（多くは二人）と、最少の行動選択（二つの選択肢）で、架空の社会関係を実験的につくりだし、そのなかでの相互作用から、二人の行動選択を明らかにしています。

協力と非協力の混合動機型ゲームとして用いられるのが囚人のジレンマゲーム（ＰＤゲーム）です。このゲームを使って、世界規模でトーナメントを行ったアクセルロッド（一九八四）の研究があります。利得マトリックスは、まず非協力の誘惑（T—5）がもっとも高く、協力したことによる報酬（R—3）、そして協力に対しての裏切り（S—0）、そして双方の裏切りの結果として罰（P—1）となっています。また四つの行動結果の利得関係は、

$$R>(T+S)/2$$

です。この構造で二人が繰返しゲームを行い、もっとも利得が高くなる戦略を募集しました。一四名の応募があり、もっとも利得が高かった戦略は自分からは裏切らず、もし相手が裏切り行動をしたら即座に報復し、相手と同じ行動（裏切り行動）をするというものです。つまり協力には協力で応え、非協力には、非協力で応えるというものです。即座の報復は、相手に裏切りたいという誘惑を断ち切らせ、協力し合う関係を回復させるよう動機づけます。これは応報戦略や、しっぺ返し（Tit-For-Tat：TFT）とよばれ相手に協力行動を選択させる戦略です。二回目のトーナメントも応報戦略が成功しました。ただし、相手の協力には協力で応えるという点では同じですが、相手が二度続けて非協力の選択をしたときにはじめて非協力で応えるというものでした。これは、より寛容な戦術のほうが相手の行動を変化させるのに有効であるということです。

規範の互恵性

プルイットら（一九七七）は目標―期待理論から、相互交換の過程で、協力関係を構築していく流れを示しています。①まず初期では利得マトリックスそのものに反応し、表面的報酬で非協力を選択する。②しかし、このような非協力の選択は共貧関係を生じさせることがわかり、③次第に互いに協力し合うことで長期的利益を得ることが理解される。④そして、相互協力の必要性を理解した者は自分だけでなく、相手も協力するように導く戦略的な選択を行う。これが他者との協力が必要であるという認識（incentive compatibility）になります。簡単にいえば、自己利益のためには他者の利益も増すこと（利他的自己主義）の認識を高めることです。コモリタら（一九九二）は四人のジレンマゲームから「お互い様」の感覚を会得し、それが双方の規範のようなものになることで、協力関係が維持されること、つまり互恵性と協力志向が高められることを検証しています。

ただ乗り

非協力者がいることで起こる問題として、ただ乗りというものがあります。ただ乗り（free riding）とは、集団の利益に浴するのに比べ、その利益のためのコストを負わないことです。負担の度合いに応じた報酬ではなく、他者の負担と比較しより多くの報酬を得ることです。これはメンバー間に不公平感を生みます。そこで、ただ乗りを許さないこと、非協力者をなくし協力者を増やすことが重要となります。しかし、ただ乗りは、集団の課題の性質、報酬などによっても変化します。

ヤマギシとサトウ（一九八六）は、集団全体の課題への非協力が起こるのは、非協力を選択する動機が働いているためであるとしています。それは、自己利益を最大にする合理的行動として選択することです。ここでは「グリード（貪欲）」としています。あと一つは、協力したいのだけれど、協力しても無駄になるのではないか、かえってばかを見てしまうのではないかという「恐怖」によるものとしています。この両者、とくに後者は状況によって変動することが考えられます。もし集団メンバーに信頼が置け、自分の選択が無駄にならないという予測が可能なら、積極的に協力を選択するでしょう（合理的契約者）。しかし、知らない相手なら疑心暗鬼になるかもしれません。これは集団を形成している他メンバーの協力の予測と期待です。また、ただ乗りをしにくい（あるいは、ただ乗りは無駄）課題であればしないでしょう。そこで、彼らは課題の性質にもよると仮定しました。ここで用いた課題は、スタイナー（一九七二）による接合課題（conjunctive task）と非接合課題（disjunctive task）です。接合課題は、貢献のもっとも少ない者によって成果（結果）が決定されるものです。非接合課題は、集団のなかで一人でも解決策を見出したなら、全員の成果が決定されるものです。そうすると、「恐怖」による非協力は接合課題で生じやすいと仮定できます。なぜなら、自己利益で協力しない場合は成果がなく、それは合理的選択行動から外れるからです。もしただ乗りがあれば、それは「恐怖」による非協力と予測できます。非接合課題では、「恐怖」はなくむしろだれかが協力行動をすればよいのですから「グリード」の動機が働きます。実験は五人集団で、メンバー（友人同士、未知同士）、課題（接合、非接合、加算的）、還元の程度（ボーナス高・低）のデザインです。実験参加者には一定額（一〇〇円）が渡され、その一部を提供してもよい（しなくてもよい）がその提供額は戻らないこととしました。合理的選択は、もっとも多くの報酬を得ることなので、もっとも少ない額を提供して、もっとも多くの還元を期待することです。操作は、接合課題では、五人中で提供額のもっとも低い額の還元、非接合課題はもっとも高いメンバーの提供額の還元、加算的課題は提供者の平均額です。また実験前に質問紙で、非協力選択の恐怖とグリード志向を測っています。その結果、接合課題（C）、加算的課題（A）において、友人関係で協力選択が多く、それは還元が多い（高ボーナス）場合、その程度が高くなりました（図17）。また、恐怖は接合課題で協力選択と逆相関で高く、それは未知同士でした。このように、非協力行動は他者が協力すれば、自分も協力するという、状況によるところが大きい選択行動です。彼らはこれを信頼関係としています。この信頼関係は、集団内関係ではもっとも重要な関係といえるかもしれません。

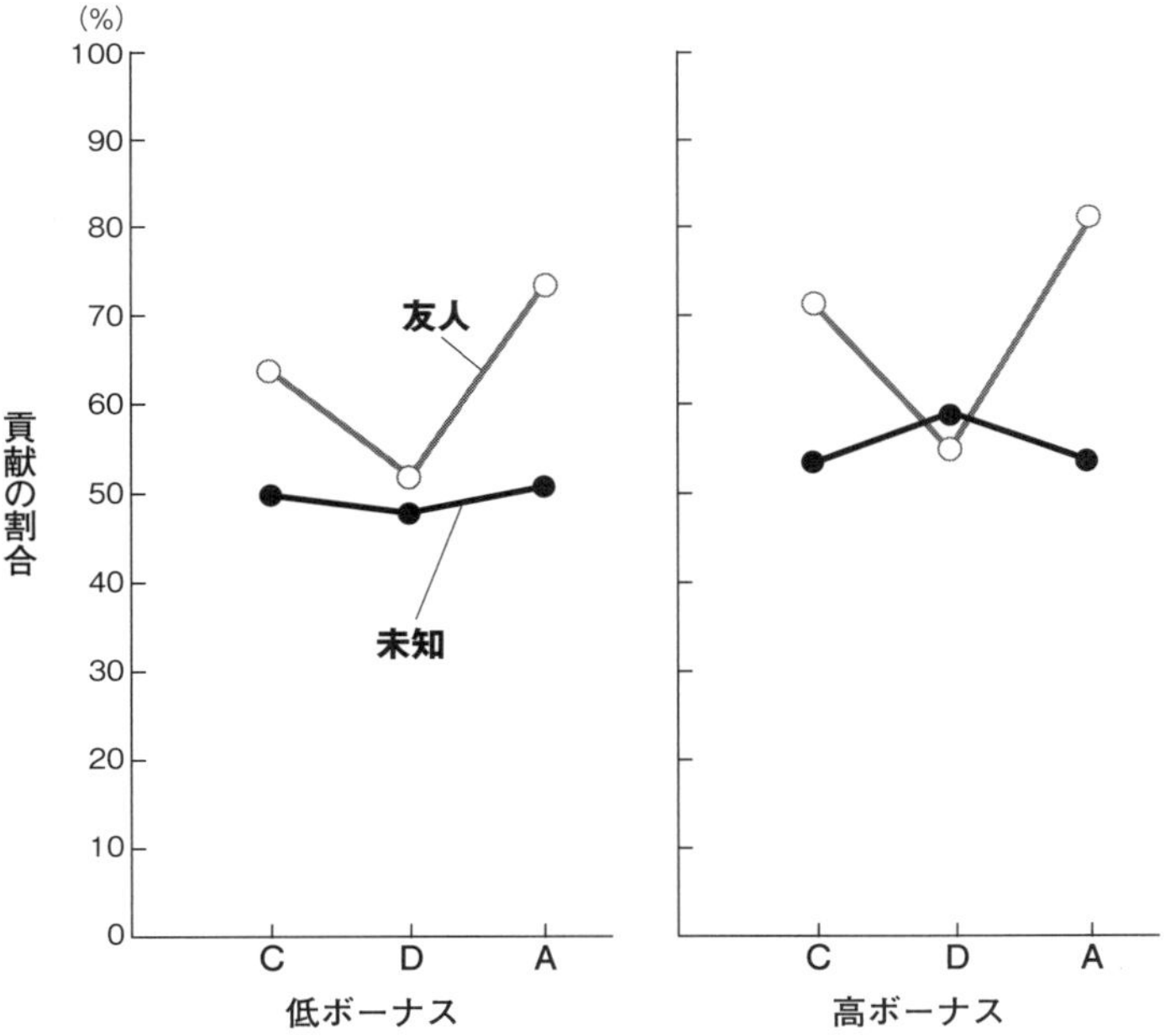

図 17　ボーナス高低による接合(C)，非接合(D)，加算的(A)における未知・友人関係による貢献の程度（ヤマギシとサトウ，1986）

公平性

集団の協同作業は、メンバーがそれぞれの能力、労働力、時間などを出し合って、目標を達成することですが、それに向けての一人ひとりの貢献（あるいは負担）はそれぞれ異なるでしょう。そのため成果は、達成に関わった一人ひとりの負担に応じた還元がされなければなりません。ここに、負担と還元の最適配分としての公平性があります。これを分配公正といいます。そこで、他者の不公平な行動に気づいたら、それを是正しようとする働きとして不公平是正行動があります。この背景には、公平性が人々の根源的動機であり、それを取り戻したいという動機があります。しかし、公平性はなかなか厄介な問題でもあります。そこには負担と還元をほかのメンバーとのバランスで成り立たせ、何を負担とするか、その程度、そして還元の内容と程度、など個人とメンバー間関係さらに集団全体の調整を要する問題が横たわっています。

●パーソナル・コンフリクト

集団相互作用の過程は、課題達成を目指して、集団がまとまり、一体性に向けて行う相互作用でもあります。そして、この相互作用では、メンバー間の情動的関係も生じることはこれまでも述べてきました。しっくりいかない、何となくそりが合わない、あるいは集団にとってふさわしくない、目標達成を阻害する、などその理由は何であれ、感情的、情動的な関係によって生じ、そこからメンバー間での摩擦・葛藤が生じることがあります。このような対人関係での葛藤は、情動的葛藤（affective conflict, emotional conflict）ともよばれ、集団関係、維持、生産性にも影響を及ぼします。そこで、集団行動として、これまでも集団メンバー間の摩擦・葛藤としてさまざまな側面から検討されてきました。ここでは、メンバーのネガティブな評価、排除・無視などメンバー間の情動的な葛藤について、黒い羊効果といじめから見ていきます。

黒い羊効果

集団にとって不都合な者、あるいは逸脱者に対して、否定的態度、あるいは阻害・排斥する現象は、オストラシズム（ostracism）として古くから指摘されてきました。このような、集団にとって望ましくないメンバーを排除する対象者を、ヨーロッパなどでは日常用語として、「黒い羊」とよぶことがあります。マルケスら（一九八八）は、このような現象を黒い羊効果（black sheep effect）として、社会的アイデンティティ理論を土台に、概念化しました。彼らによれば、内集団メンバーに対する好意と非好意の判断の差は、類似の外集団のメンバーに対する好意と非好意の差よりも極端になるということです。つまり、内集団の望ましいメンバーの評価は、外集団の望ましいメンバーの評価より高く、内集団の望ましくないメンバーの評価は外集団の望ましくないメンバーより低く評価するということです。そこで、内集団に比べ外集団では、メンバー間の同質性が高くなります。それにしても、社会的アイデンティティ理論では、自己の反映として内集団メンバーには好意的であり、いわゆる内集団偏好が見られますが、なぜあるメンバーに対しては排斥をしたり、見下したりと否定的に評価をするのでしょう。

黒い羊効果――集団にとって意味ある評価次元

マルケスらによれば、この現象は、社会的アイデンティティの維持、とくに自己高揚動機の維持であり、集団間の関係よりむしろ内集団メンバー間の作用に強く規定されているとします。そこで内集団らしさを示す独自の、あるいは固有の次元は、黒い羊効果を生じさせると予測しました。実験ではカテゴリー集団を国籍とし、実験参加者は、ベルギー学生で外集団を北アフリカ大学生としました。まずベルギー学生固有の望ましい規範を調査し、「放課後家で勉学より、パーティ参加」を、また学生一般としては「ノートの貸し借り」を望ましい規範として取り上げました。それぞれの規範にふさわしい（ふさわしくない）行為の内集団・外集団の事例を作成し、その事例についての判断（喜ばしい、社会性、歓迎）で評価を求めました。その結果は、判断次元により黒い羊効果が異なることを示しました（図18）。学生一般に通用する規範では、内集団・外集団の評価で規範の望ましさに変化はありませんでした。一方、集団固有の特徴を示す規範において、内集団では望ましさの規範で極端化し、外集団では同質化し、黒い羊効果が強く示されました。集団に固有な評価次元では、非好意的メンバーは内集団で脅威的な存在となり、外集団メンバーと比較して内集団ではさらに低く評価されました。

黒い羊効果――集団同一化

マルケスらは、社会的アイデンティティ理論を背景にした集団同一化の存在を前提としていました。本間・杉本（一九九八）は、黒い羊効果が動機的、認知的手がかりとしての社会的アイデンティティ（集団同一化）と関連して、内集団に対する関わりの程度が内集団評価、外集団評価にいかなる影響を及ぼすのかを検討しました。実験集団は、この実験の操作上、規模・構造も同程度の二つの大学（T大学、N大学）を取り上げました。所属大学をカテゴリー集団としたのは、わが国において、大学は社会一般から見て評価的にも、関わりにおいても、また社会的位置づけとしても大きな意味を持つとみなしたからです。評価次元は、就職の面接場面で各大学の学生が被面接者となり、その様子についての望ましい行為としました。実験デザインは、明らかに望ましい面接場面（グッドテープ）と、明らかに望ましくない

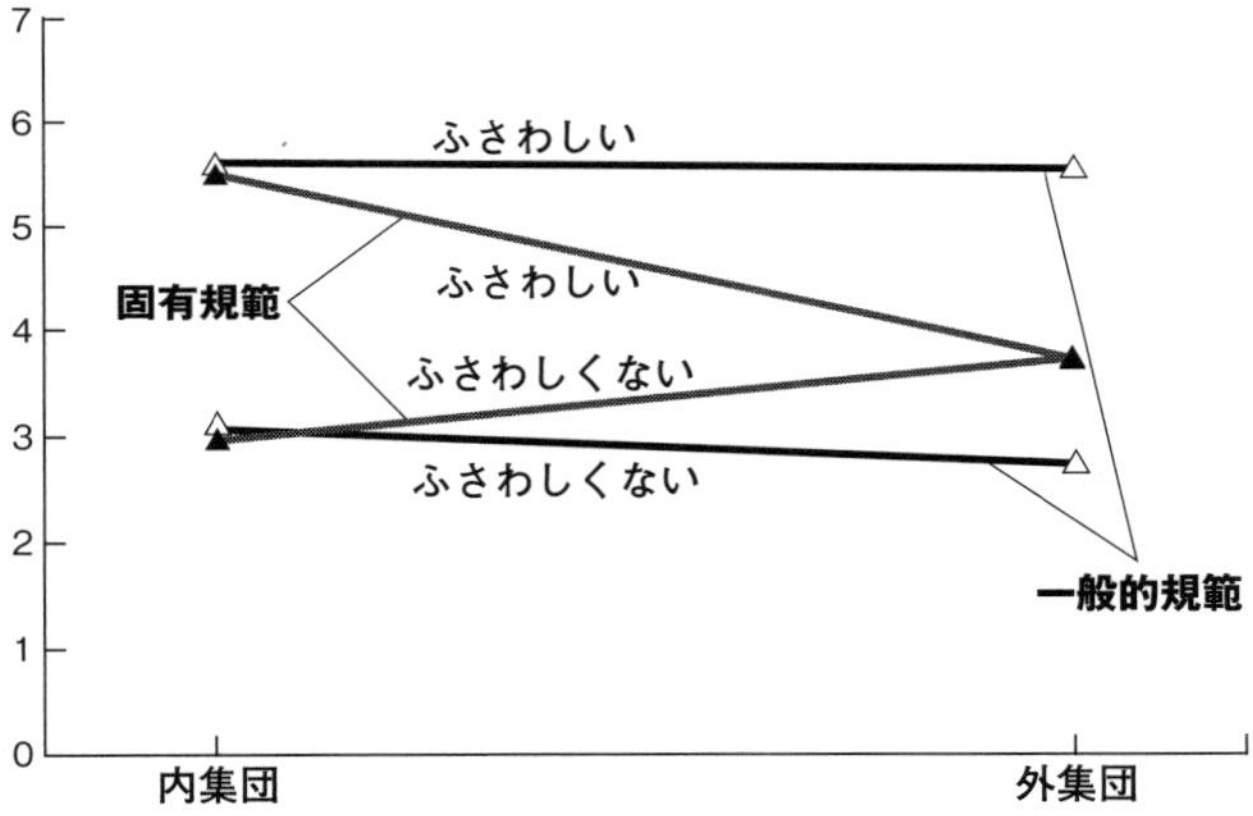

図 18　規範の違いによる内集団・外集団メンバーのふさわしさ
（マルケスら，1988）

場面（バッドテープ）の二水準と大学別の二水準です。測度は個別行動評定（*S*スコア）、と全体印象評定（*O*スコア）です。また、前もって集団同一化の測定を行い、それは集団への関わりから検討する集団コミットメントから測定しました。

結果は図19に示しました。個別行動評定（*S*スコア）では黒い羊効果は見られませんでした。しかし、全体印象評定（*O*スコア）では、T集団において望ましい内集団メンバーのテープ（グッドテープ）は外集団より高く評価し、また望ましくない内集団メンバーのテープ（バッドテープ）は、内集団でより低く評価し、黒い羊効果を示しました。またT集団ではN集団と比べて、集団コミットメントも有意に高いものでした。このように、集団コミットメントは、T集団において強く、黒い羊効果は集団への同一化が強く関わっていると考えられます。さらに、それは具体的行動より全体的な印象において極端化が生じました。これは情報を抽象化する際にバイアスが生じやすくなり、認知的な歪みが高揚動機の手がかりに作用していたと解釈されます。

いじめ

いじめ（bullying）は現在もなお深刻な問題です。とくにいじめを受ける側は、身体的ダメージだけでなく、心的な被害、さらにそれがトラウマになって長期的な心的外傷として残ることは研究が進むにつれ明らかになってきています。

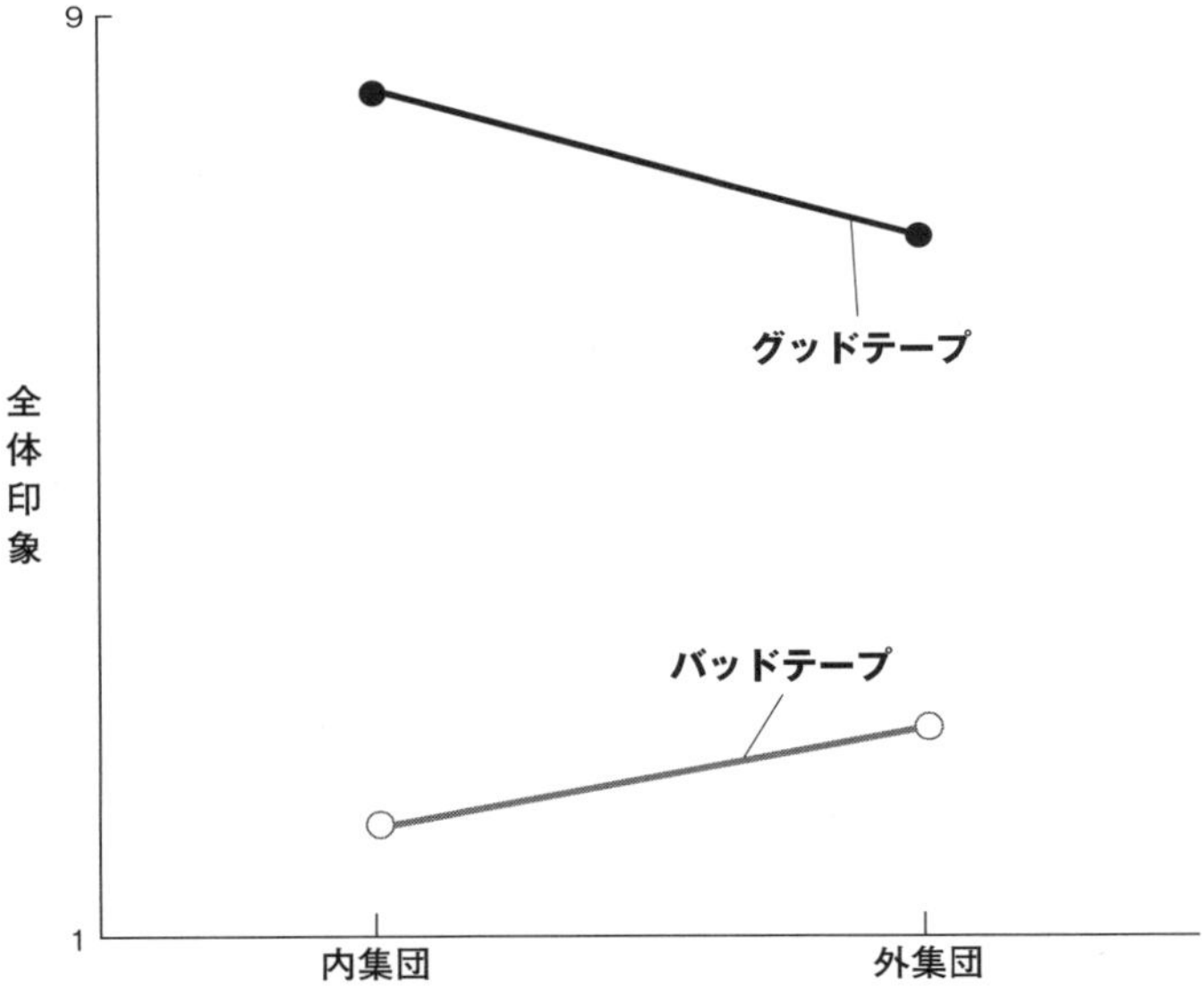

図 19　内・外集団における集団メンバー印象評価（T 集団）
（本間・杉本，1998）

とくに、発達過程にある児童・少年ではそれが成長に影響を及ぼすため深刻です。いじめの定義は多様ですが、ここでは集団行動として、繰返しの身体的・言語的な攻撃行動とみなし、集団内で多数者が、ある特定のメンバーに一方的に繰返し行う攻撃（大野　一九九六）と定義します。

このいじめは、とくに学級集団における研究が多く、さまざまな知見が見出されてきました。その研究の多くはいじめを受ける被害者と、いじめを行う加害者、その両者の対立した関係、葛藤としてとらえてきました。そして両者とも、そのような行為を発生させる原因として、個人の特性に注目してきました。加害者は、反社会的行動として社会的スキルの未成熟さ、社会的地位の低さ、社会的不適応者など、ネガティブな特性によるものであることが明らかにされています。ところが、一方ではこのような加害者は社会的に望ましい特性（リーダーシップ、社会的スキル）を有していると指摘する研究もあるのです（鈴木　一九九二）。また、加害者がいつも加害者ではなく、加害者が被害者に、被害者が加害者にと関係が逆転する場合もあり、個人レベルでの検証は困難が伴います。

いじめ――傍観者の効果

最近では、いじめを個人特性ではなく、社会関係性、あるいは集団行動の過程（サットンとスミス　一九九九）として扱うようになり、よりダイナミックな研究が進められています。わが国では、正高（一九九八）がいじめという社会的不正行為は、それに協力するメンバー（同調者）が一定のレベルを超えるとほかのメンバーも同調し、全員が不正行為に移行する傾向があるとし、集団内の力学的観点（多数者と少数者の関係）から検討しています。また集団内の関係では、実は加害者でも被害者でもない、第三者つまり、傍観者の存在が重要であるとの指摘があります。ジニら（二〇〇八）は、いじめの目撃と介入について質問紙実験を行っています。実験参加者は、いじめ場面に居合わせた第三者の反応を見て、それを囲む周囲のメンバーとしての立場（第三者を傍観する者）からいじめを観察します。第三者の態度として、加害者支持、被害者好感度、被害者非難、学校への安心感を設定しました。結果は、第三者が消極的な態度のときは、いじめ被害者への非難が強まりました。第三者の態度を見て周囲のメンバーは判断することがわかりました。つまり、第三者が加害者に介入すれば、いじめ参入へと向かい、被害者に介入するといじめの原因は加害者にあるとみなしました。傍観者は周囲の傍観者を見ながら介入か非介入かの態度が形成されることがわかりました。

いじめは決して学級集団だけの問題ではありません。職場でも生じます。ホートら（二〇〇一）は職場でのいじめを、一人あるいは数人に対しての繰返し、長期にわたる「否定的なコミュニケーション行為」としています。具体的には、①コミュニケーションの機会の制限、②阻害した社会関係、③低い個人的評価、④低い仕事上の評価、⑤心身の安寧を損なうもの、と特徴づけています。そして、敵意の表現（うわさを広める）、妨害行為、顕在的攻撃（メールの破壊）など、具体的行動は異なりますが、原理的には学級で起こるものと同様ではないかとしています。

●リーダーシップ

多方面にわたる関心と多様な理論

リーダー、リーダーシップという言葉を聞くとさまざまな名称が浮かびます。ボス、キャプテン、マネージャー、代表者、統率者、指導者、まとめ役、管理者、先導者、相談役、支配者、権力者、権威者など、そこにはリーダーとして求められる資質もあれば、集団との関係からのよび名もあります。

それでは、リーダー、リーダーシップとは何でしょうか。日常生活のなかで社会集団に関する用語として、これほど多様に、そしてさまざまな場面で使われている言葉もないでしょう。このことは、リーダーである人物、その役割の存在が社会・集団にとって重要な意味を持つことの証でもあるからでしょう。政治の世界、ビジネス界、官僚組織、身近な仲間集団まで、社会集団が存在するところならどこでも関心があることで、多様な定義、そして理論が生まれています。しかし、これらの領域の多様性に加え、多様な働きがあるこの概念定義も定まったものはありません。どの定義にも共通項として「他者へ影響を与えること」（バス 一九九〇）とありますが、何とも漠然としたものです。ここではとりあえず、「集団の目標達成に向けての効果的影響」とします（ヒューストンら 二〇〇八）。

リーダーシップの四つのプロセス

さて、もう少し詳細に見ると、フォーサイス（二〇〇六）はリーダーシップの四つのプロセスとして、それぞれどのプロセスを強調するかでさまざまなリーダーシップの概念の規定になるとしています。まず、①リーダーとフォロワーとの互恵関係を強調する。次に、②交換関係（transactional）としてのリーダーシップ。これは時間・エネルギー・技術を交換することで、報酬として集団を構成する人々（メンバー）に還元することです。そして、③交流（transformational）プロセスとして、リーダーはメンバーをより高い方向へ導き、彼らの動機を高めるプロセス。最後に、④適応的・目標志向的に集団が目指す方向、目標達成に向け集団を統合するプロセスとしてリーダーの存在があります。

リーダーシップの幻想?

社会集団にとって、実際、リーダーはどれほどの影響があるのでしょうか。どの集団も構造化するにつれ、そこに役割分化ができ、集団への貢献によって勢力を伴った関係性が生まれます。ある人物が集団への影響力を認められ、リーダーの立場となり、影響を与えていきます。どのようなリーダーがリーダーシップを発揮するかで、集団活動は影響を受けますが、その活動はこのもっとも貢献している人物だけで成り立つわけではありません。ひょっとしたら、それほど大きな貢献はしていないかもしれません。これはリーダーシップ幻想(romance of leadership)とよばれ、リーダーの影響度や集団成果を過度に評価する傾向を指しています。もちろん同時に、過度に影響度の強さを評価して、不成功に終わってもその結果の責務はリーダーが全面的に負うのでしょう。メインドル(一九九五)は、フォロワーの影響の大きさを無視した現代のリーダーシップ論に警鐘をならしています。

特性論とその限界

リーダーシップの初期の研究は、リーダーの特性をとらえることでした。そこでは、各界でリーダーとなった人物の特性から、彼らのリーダーとしての資質を明らかにすることです。これを巨人説(great person theory)とよぶことがあります。これは、活動する領域は何であれ、リーダーの資質は一貫した普遍的な特性を備えているとみなすことです。しかし一方で、時代を反映して決定されていくという時代精神としての視点もあります。あとに述べる変革型リーダーシップでは、その内容が鼓舞、率先、チャレンジなど、外に向かうスタイルですが、これは現代社会のとくにビジネス界で求められる資質であるといえます。

巨人説のような、過去・現在にわたり、称賛に値するリーダーシップを持った人物の特性を明らかにするなかでも、パーソナリティは多くの検証を重ねられてきました。しかし、これらには一貫した結果はなく、相反する特性が示されることもありました。そして、特性とリーダーシップの相関はあいまいなまま残されています。そのなかで、ジャッジ（二〇〇二）は、いわゆるビッグ・ファイブといわれる五つの代表的パーソナリティ特性と学生、ビジネス界そして、官庁・軍隊など、七三のサンプルからリーダーシップとの関係をまとめました。図20から、全体として、外向性がどの集団でも高い値ですが、学生では誠実性、外向性が高く、ビジネス界では、外向性、知性が、官庁・軍隊は情緒安定性が高いという結果になりました。

特性論の限界としては、まずどの集団とも一貫した特性はない（知性でも低い相関）ことがあげられます。次に、この特性は資質であって集団、メンバーの影響力、影響内容ではないことです。そして、集団のおかれた状況でリーダーの影響は異なるということです。

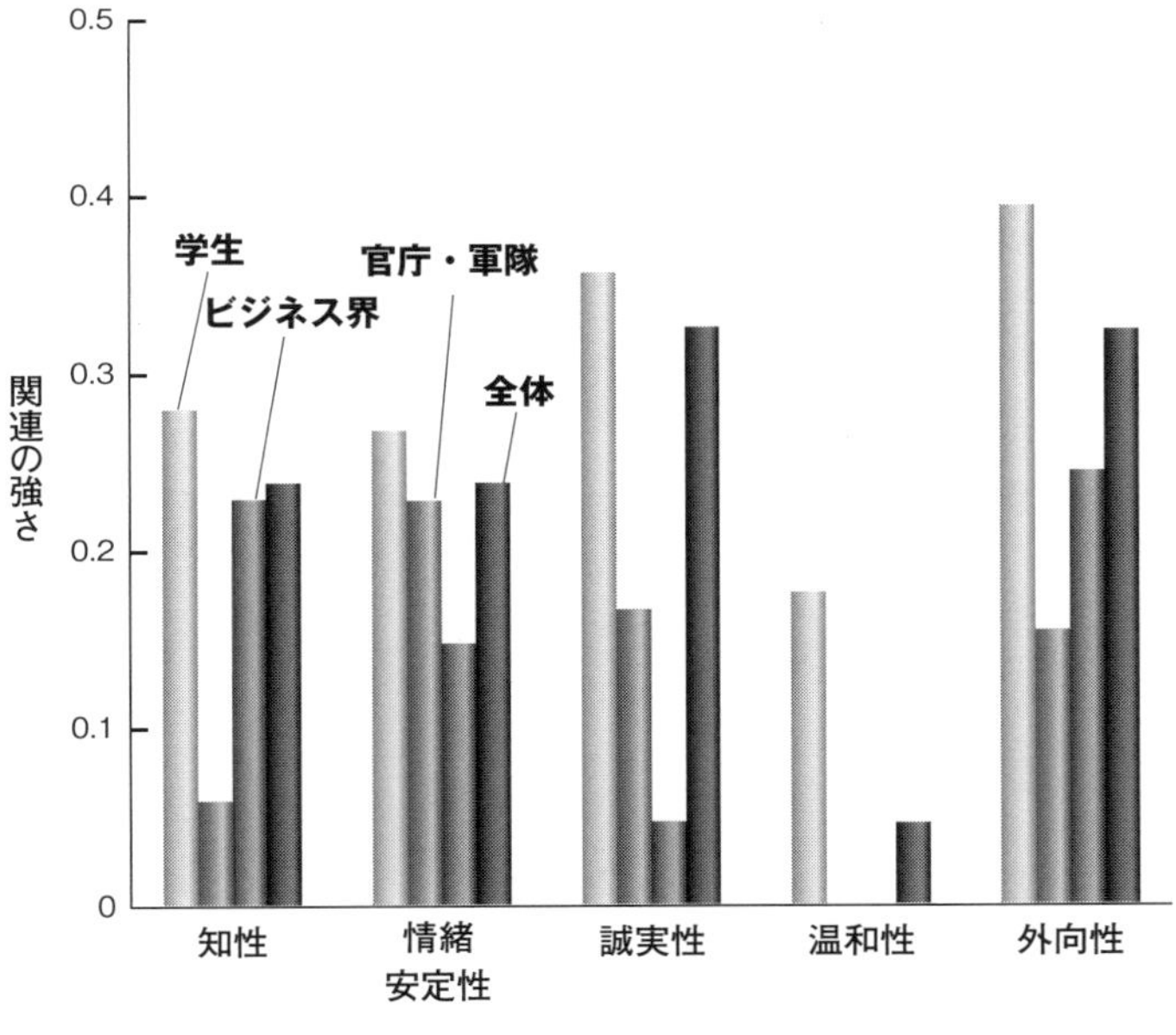

図 20　ビッグ・ファイブ・パーソナリティとリーダーシップ出現
（ジャッジら，2002）

●集団効果としてのリーダーシップ論

定義にも述べたように、リーダーシップは一言でいえば、効果的集団過程のためのものであり、関係性であり、行動様式です。

集団機能としてのリーダーシップスタイル

果たしてリーダーとは何をし、どのような働きをするのでしょうか。もし、集団自体の機能が効果的に課題を達成し、集団も融和を保ちつつ存続することなら、リーダーの役割もそれを具現化した行動様式、あるいはスタイルととらえることができるでしょう。

それを測定するための尺度がオハイオ大学版といわれるリーダー行動記述質問紙(Leader Behavior Description Questionnaire：LBDQ)です。ここではさまざまな組織、集団を観察し、多数のリーダー行動のリストから二つの次元を明らかにしました。一つは、「課題リーダーシップ」で、生産性を高め、効果的に達成させることです。これは集団の目的を明確にし、方向づけとその具体化、そしてメンバーを能力・技能に応じて分化させ、活動を促進・鼓舞することです。さらにこの効果を高めるためにメンバーへの評価、フィードバックが必要でしょう。もう一つは、「関係リーダーシップ」で、集団内の対人関係に気を配ることです。対人間の摩擦・葛藤をなくして、社会情緒的な満足感を持たせメンバーに集団に留まり、ほかのメンバーのために働く気を起こさせます。そして、個々人の悩みなどを考慮することです。この二つの次元は、多くの国、さまざまな社会集団で確認されています。わが国の三隅二不二（一九六六）によるＰＭ理論も集団の機能からリーダーシップを二つの次元に分けたモデルです。

状況適合モデル

リーダーシップのスタイルは、確かに効果的な集団活動に影響するでしょう。しかし、フィードラー（一九六五）は、個人の特性あるいはスタイルが重要であると認めつつ、それが直接に効果的な集団活動につながるのではなく、当面の集団状況との相互関係によるものとします。個人の特性のスタイルとして、彼は、協同作業時の動機が集団のおかれた状況と関連し、これが効果的なリーダーシップの発揮につながるとしました。その動機的スタイルとして、課題志向的な動機か、社会的情緒的な動機のスタイルとしました。

これを測定するものとしてＬＰＣスケールを開発しました。過去に協同作業をする相手としてもっとも仕事がしづらかった人（Least Preferred Coworker：LPC）を思い浮かべ、その人物の評定をします。高ＬＰＣであれば、協同作業者として良好な関係を重視する（関係動機型）、低ＬＰＣであれば、自分に与えられた課題遂行を第一目標とする（課題動機型）となります。また集団状況は、①リーダーとメンバーの関係性、②集団が抱える課題の性質（構造化）、③リーダーの影響力の強さ（集団内の位置づけ）の三要因があり、この順で重要とされ、それぞれ二分類され、その組合せで八種の状況ができます。ここでの主張は、リーダーのＬＰＣの動機と集団効果性の相関関係です。効果的なリーダーのタイプは、リーダーとメンバーの関係が良好で、課題が構造化されて、リーダーの位置が強力な場合、または、その反対にメンバーとの関係が不良で、課題の構造化が不十分で、リーダーの位置づけが弱い場合には、課題動機型のリーダーです。またその中間地帯では関係動機型のリーダーが効果的となります。

その後、このモデルではいくつかの問題点も指摘されています。まず、ＬＰＣ測定についてです。ここでは高低の二分法ですが、明確な分割基準はなく、むしろ相対的な分類ではないかというものです。次に、また集団状況についてはもっとも影響の強いものはリーダーの勢力で、モデルとは一致しないのではないかというものです。

集団の発達や変容によっても、望まれるリーダーシップの型は異なります。ハーシーとブランチャード（一九八二）は、メンバーとの関係のあり方そして課題達成では、その集団の発達段階との関係から効果的なリーダーは異なり、発達に従って柔軟な対処が必要であるとして、これは状況的リーダーシップ論（Situational Leadership Theory：SLT）としました。これを図21で示しています。全体としてリーダーシップには、方向づけ行動と支持的行動があります。方向づけ行動（横軸）はリーダーが課題達成への指針、進むべき方向を示し、関係性つまりメンバーのあり方などを示すものです。一方、支持的行動（縦軸）とは、メンバーの行動を認めて積極的に支持し激励・鼓舞する行動です。この二つの行動側面で四つのリーダーの型ができます。まず発達の初期段階では、高い方向づけと低い支持的行動です（S1）。次いで、コーチングです。これは課題志向で指導・注意を与え、積極的にメンバーを支え、その一方で具体的方向づけも行うものです（S2）。集団が発達するにつれ、リーダーは支持的要素を強く示し、メンバーの積極的関わりを見守りつつ後押しします（S3）。そして集団が十分に機能し発達したら、リーダーはメンバーに任せ、責任をとらせつつ自由裁量を多くしたものとなります。そしてリーダーは大所高所から見わたす存在となります（S4）。

状況的リーダーシップ

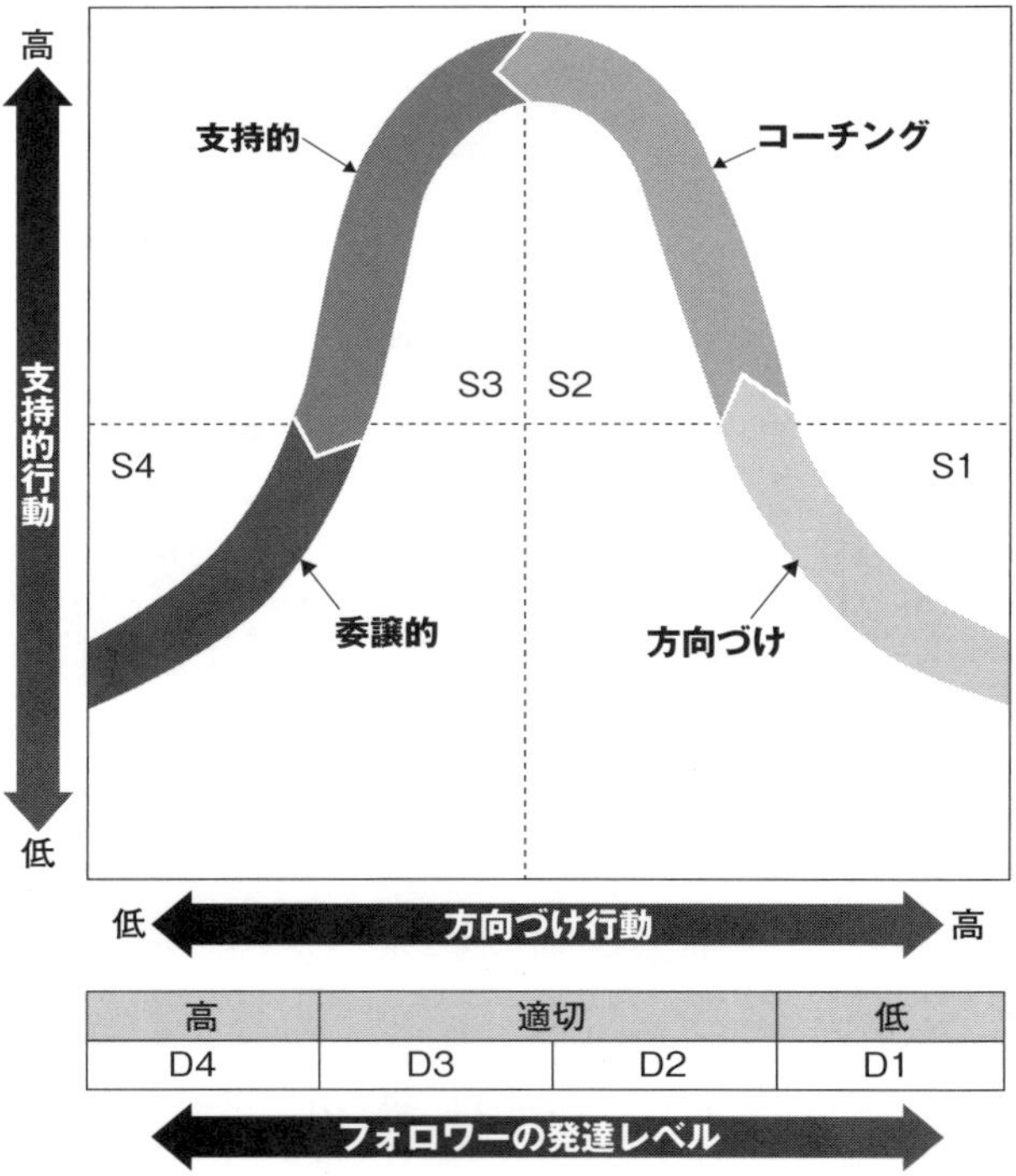

図 21　4 段階のリーダーシップスタイル
（ハーシーとブランチャード，1982）

交換的リーダーシップ

交換的（transactional）リーダーシップとは、メンバーつまり、フォロワーの個人利益を最大にするための交換関係をつくることです。フォロワーの責任を明確にし、集団や組織にとって正当なことを促し、それに反した場合の処置などの統制管理をすることで、フォロワーにそれに対しての報酬、昇進などで満足させることです。

この代表的なものは、ゲランとユルビアン（一九九五）によるリーダー・メンバー交換理論（Leader-Member eXchange model：LMX）です。これはリーダーシップを、リーダーとメンバー（とくにフォロワー）の二者関係としてとらえ、フォロワーの責任、決定影響、資質や成果へのアプローチなどの質を高めるというものです。そしてフォロワーの満足を高めることです。そこで、高ＬＭＸのリーダーはメンバーと多くの作業時間を過ごし、成果に向けて働きかけ、そのことでメンバーは集団のために働きフィードバックします。

変革型リーダーシップ

先述のリーダーシップに求められる資質、スタイルの交換型がリーダーとメンバー間の相互交換という内向きのスタイルであると考えるのに対して、より外界に向けた視点の必要性も考えられるようになりました。メンバーに外的環境への注視・注意を促し、思考や理念の新しい視点を与え、変化の必要性を実感させ、明確な将来の目標とビジョンを提示し、自らもリスクに向かい変革的行動を実践することです。これは変革型リーダーシップとよばれて、フォロワーから信頼と信任を得ることによって、ロールモデルとして自身を自覚・自律させていくスタイルであるといえます。このようなリーダーは組織・集団の目的を明確にして、それを達成するためのプロセスを具体化したプランを提示し、また現状に満足せず、絶えず組織を成功に導くように変革します。それにはフォロワーを鼓舞し、それぞれにあったメンバーの力を発揮させ、またさらに力をつけるように促し、導きます。

その後、バスとアボリオ（一九九七、二〇〇六）はこの変革型だけでなく、これまでのメンバーとの間の相互交換的関係も重要との認識から、交換的リーダーシップの視点も加えて、統合的リーダーシップ（Full Range Leadership：FRL）を提唱しました。

4・集団の生産性

●集団生産性の両価性

中国の故事に、「一人の和尚で水を担ぎ、二人なら水を持ち、三人なら運ばない」というものがあります。これは、一人なら仕方がなく桶の水を担いでいき、二人なら協力して提《さ》げていき、しかし三人なら、みんな他人任せになってしまいだれも運ばないということです。その一方では、「三人寄れば文殊の知恵」というものもあります。これは、協同で知恵を出し合えば、より優れた知恵が生まれるということです。集団で協同して行う仕事、つまり協同作業は各メンバーの個人の生産性を超えて質や量を増大させ、効果的にしますが、ある場合には、生産性を低下させ、集団に損失をもたらすこともあるのです。集団あるいはチームが、集団の目標達成に向かっていかにして質・量ともに望ましい生産性、あるいは成果を上げるかは、古くも新しい問題なのです。現代でも産業組織集団、スポーツチーム、プロジェクトチームなど、集団の目標達成を主眼としたものではその関心が一層高いでしょう。そこでは、集団自体の構造、特性あるいは集団状況要因は、集団を構成するメンバーの目標に向けた方向づけ、関わり合いから検討され、とくにメンバー一人ひとりの目標に向かっての強い意志、動機のありようが集団の生産性にどのような影響を及ぼすのかが検討されてきました。

研究場面でもこの問題には関心が持たれ、今日も多くの研究者を惹きつけています。たとえば社会的促進（social facilitation）現象があります。これは共行動として他者とともに食事をすると食が進むことや、観客がいると出来栄えがよくなることなどです。集団での作業が同時作業（共行動）の場合、遂行を他者に見られている（受動的聴衆行為）場合でも、他者の存在から何らかの影響を受け作業量に影響を与えることです。この現象に気づいて、実験的に検討を行ったのは、トリプレット（一八九八）です。そして、この実験が最初の社会心理学実験といわれ、当時すでにこういった関心があったといえるでしょう。この社会的促進現象では、その後多くの検証から、どうも他者の存在はいつも促進させるわけではなく、むしろ阻害させることもあるのではないか、ならば促進・阻害はなぜ起こるのかということに関心が移りました。この疑問を新たな視点から解明し、再びこの現象に光を当て研究を活性化させたのが、ザイアンスによる動因理論（一九六五）です。現在も動因理論から発展したもの、他者と作業内容の関連を示したものとして多くの理論が提唱されています。

しかし、この社会的促進（阻害）現象は、他者存在が問題です。確かに他者存在は、集団協同作業の前提となるので極めて重要なものですが、作業過程の全体ではないでしょう。なぜなら、メンバー間の相互作用、集団としての課題の性質など、集団作業としての要因が考慮されていません。そこでこの現象についてはこの程度でとどめます。

スタイナーの理論から

集団の作業では、他者が存在するだけでなく、メンバー間に相互作用があることです。社会的促進では、他者存在そのものに注目することは、意味がありますが、実際の協同作業はそれだけで成り立っているわけではありません。より重要な要因は、メンバー間のダイナミックな関係が作業にいかなる影響を与えるかです。そこで、集団の生産性を検討する際には集団が相互作用を行った結果としての成果と、同じ個人が個別に独立して行った場合の成果を集団メンバー数の集合として比較します。

スタイナー（一九七二）は、集団作業の結果としての生産性（成果・問題解決）に注目し、モデルを構築しました。ここでの生産性は、集団が保持する資源を合理的に利用したときに達成する潜在的な生産性から、それらを妨げる何らかの損失（ロス）を差し引いたものとしました。つまり、人が潜在的に持っている課題達成で必要とされる能力が、協同作業過程で発揮できなくなること（プロセス・ロス）で、結果的に個々別々の成果の集合より低下すると考えたのです。ここでのプロセス・ロスは、相互作用過程の協働によるコミュニケーション、思考の障害などともいえます。式に表すと以下のようになるでしょう。

実際の集団生産性＝潜在的メンバーの生産性－プロセス・ロス

彼はたとえ話として、個々の食材を、レシピに従った有効な結合のさせ方次第で、美味しい味にも、不味い味にもなり、その食材（メンバーの能力・技術など）と結合（相互作用）の関係が料理の出来に影響を与えると述べています。ここには、まず集団構成として、メンバー個々の能力・技術・知識量などの問題解決に向けた資質の問題、そして集団課題タイプが生産性に影響を及ぼすとしています。

この集団課題タイプでは、三つの次元を設けています。一つは、課題の作業が分割可能か全員同時作業かです。二つめは、課題が最適値（質）を要求するか最大値（量）を要求するかです。三つめは、ほかの研究者にも活用されるものとして課題要求があります。接合（conjunctive）、非接合（disjunctive）、加算的（additive）課題に分類しています。接合課題は、解決に向けて資質のもっとも低いメンバーに依存することです。たとえば、グループ登山では登山に関する能力のもっとも低いメンバーに合わせて、日程、ルートの選択をしなければなりません。また、合奏ではもっとも能力の低いメンバーでその出来栄えが決まってしまいます。非接合課題は、たとえばユーリカ課題のようにメンバーの一人でも解答すれば、その結果で成果が決まることです。そして、加算的課題はメンバーがそれぞれ同等に貢献することが求められ、成果はその集合とします。

スタイナーは、どちらかといえば、プロセス・ロスに焦点を当て、集団相互作用の過程で個々の潜在的資質を阻害する要因を明らかにし、集団での生産性の低下を阻止することを目指していました。しかしながら、この相互作用は、ロスだけでなく集団の成果を高めること、つまり潜在的に持つ個人の資質以上の成果となること（プロセス・ゲイン）も現実には存在するのです。式に表すと以下のようになるでしょう。

実際の集団生産性＝潜在的メンバーの生産性－プロセス・ロス＋プロセス・ゲイン

●量は質を凌駕する？——ブレーンストーミング集団

ブレーンストーミング集団への関心

集団の生産性の効果は、しばしば、同人数による個人レベルと集団レベルの成果から検討されます。そのような研究では、メンバー間に相互作用のない個人レベルの生産性の集合を名義集団（nominal group）とし、実際の集団成果と比較します。

さて、集団の共同遂行による生産性として、集団の有効性（あるいは無効性）がもっともよく検討されてきたのはブレーンストーミング集団でしょう。ブレーンストーミング集団とは、オズボーン（一九五七）によって開発された集団の生産性の質を高めるための「創造性創出集団」で、集団による創造的アイディア創出のための問題解決法の一つです。本来はアイディアの質を目的とします。しかし、彼によればできるだけ多くのアイディア（量）を創出することで質に還元することが可能であるとしました。彼は、この集団関係をつくるため、メンバーに四つのルールを課しました。

①まず集団としてできるだけ多くのアイディアを出すことが奨励される（量は質に還元）。オリジナリティ、実行可能性、斬新性から見て優れたアイディアは、多くのアイディアを

出すことによってもたらされる。
②アイディアを創出するとき、既成事実、固定観念に囚われず、自由で奔放な発想が歓迎される（表現・表出の自由）。
③さらに、そのためにどのようなアイディアが出されても、それらを批判したり評価することは禁止される（批判の禁止）。
④そしてそれぞれのメンバーから出されたアイディアを交換し、それを練り上げ、より洗練されたものにするように鼓舞される（交換と結合）。
彼によれば、このようなルールに従えば、普通の人でも一人で行うより二倍のアイディアの創出が可能としました。そして、その集団メンバー数は五人から一〇人が最適で、上限はせいぜい一二人程度であろうとしました。現在でもこの集団は、日本、アメリカ、ドイツなどで積極的に活用されています（ソーヤー 二〇〇七）。

実際の適用との乖離

ところが、オズボーンの提唱直後から、果たして生産性が実際に高まるかどうかという疑問の検証が始まりました。これまで三〇年あまりの検証では、必ずしもこの集団がアイディアの生産性を量・質ともに高めるとはいいがたいものでした。ディールとストローブ（一九八七）は、これまでの二二の主たる研究を精査した結果、まず一八の研究において個人レベル（名義集団）のほうが量的生産性に優れていました。その残りの四研究はブレーンストーミング集団のほうが優れていましたが、いずれも二人集団でした。また、質的生産性では一八の研究のうち、一一で名義集団のほうが優れていたという結果でした。彼らは、このブレーンストーミング集団は生産性を増加させるという幻想に陥っているのではないかと述べています（ストローブとディール　一九九四）。

この検証結果と実践場面の不一致の理由は単純ではありませんが、何が考えられるでしょうか（本間　一九九六）。まず第一に実践の場では、オズボーンの提唱がそのままのルールで用いられているとは考えられません。体験的にさまざまな改良がなされていると思われます。あるいは別の効用（たとえば、集団参画活動）があるかもしれません。そして、実験では多くがアドホック集団（実験上のその場限りの集団）を用いているので、実世界の現実性（mundane realism）と実験上の現実性（experimental realism）の乖離が指摘されるかもしれません。実験では、せいぜい二から三変数が取り上げられるにすぎず、しかも、それらは因果性を検討するため厳密にコントロールされているので、実践場面での多くの変数が絡まった集団には必ずしも当てはまりません。実践場面のブレーンストーミング集団は、メンバーと課題が密接に関連しているため、課題はメンバーにとって意味があり、それを行う理由も明確なものでしょう。また、課題解決に向けての誘引、奨励があるかもしれません。さらには明確な目標を立てる、ほかの集団との競争を促す、各メンバーの役割分化を行い、個人の貢献が集団の貢献に関連するよう工夫がされているといったことも行われているかもしれません。このように課題、集団構成、メンバー各自の努力と集団全体の成果のつながりといった種々の要因が絡まって、現実の生産性が生み出されているのでしょう。そうしたことから、特定の条件のみが関与するようコントロールされた実験でブレーンストーミング効果が見られないからといって、ただちに実践の場でも無効を意味するわけではないことにも留意すべきでしょう。

しかしながら、本来、創造性（実は、量的生産性）を目的としてつくられた集団であるにもかかわらず、生産性を阻害するものは何か、またそれは集団過程においてどのように説明されるか、さらには生産性を促進するためにはいかなるコントロールが必要か、など特定の条件下の集団でありながら、集団生産性そのものを検証する手段として関心をよんだのです。生産性のロスはゲインと表裏の関係とするなら、ロスとなる規定要因が見出せれば、それをコントロールすることによって集団の生産性の効果を上げられると、期待できます。そして、ブレーンストーミング集団を問題解決集団と考えれば、ここから得られた知見はこの特殊な集団に限定されず、一般の問題解決集団に敷衍され、より広範囲な問題の検討に貢献できることも期待されたのです。

●ディールとストローブの問題提起

ブレーンストーミング集団の実証研究への関心は、程度の差はあるものの、長く続いてきました。そのなかでも、ディールとストローブ（一九八七、一九九一）の四つの実験結果は新たな問題を提起するものとなりました。先にも記したように、彼らの目的は先行研究を総括し、生産性を阻害する原因を探る謎解きです。これまでの知見から、生産性の主たる阻害要因を、ただ乗り、評価懸念、ブロッキングにまとめ、これら三要因の検証からそのなかでもっとも影響のあるものを探ろうとしました。

ただ乗り

第3章でも述べたように、ただ乗りとは集団の利益に浴するのに比べ、その利益のためのコストを負わないことです。ブレーンストーミング集団の課題は典型的な加算的課題です。全員に等しく貢献を求め、その成果は全体の成果としてプールされます。メンバーがどの程度貢献したかは、ほかのメンバーからは見えないため、ただ乗りや努力の低下を導くと予測できます。

実験1は四人集団で、課題は外国人労働者受け入れの改善策の創出です。メンバー全員によって創出されたアイディアをまとめ、それぞれの貢献（アイディア数）を相殺する条件（ただ乗り条件）と、個々人の貢献をフィードバックして査定する（査定条件）を比較することで、ただ乗りの効果を検証します。集団は、名義集団と現実集団（ブレーンストーミング集団）です。名義集団では、四人のアイディア数を合計し、冗長度を調整し、現実集団の結果と比較します。結果は、名義集団において個別の査定条件より生産性は高く、質も高いものでした。彼らは、ブレーンストーミング集団でのただ乗りをあまり重要な要因とはしていません。それは、貢献しないこと（非協力）への魅力が少なく、非協力による利益が明確でないことをその理由としています。

評価懸念

実験2、3では、評価懸念を検証しました。そもそも、オズボーンはメンバー同士がアイディアを創出する際に生じる評価懸念を集団ルールによって払拭し、生産性を高めることを念頭に置いていました。ここで扱う課題は新奇なものであるため、他メンバーからの評価、批判の恐れを抱かないで自由に発想し、発言することが創造性につながると考えました。つまり、社会的抑止効果の防止です。社会的抑止効果とは、評価懸念によって自己注視を増加させたり内省的になり、自由奔放な発想を抑制してしまい、アイディアを発想してもそれを公にすることを躊躇してしまうことです。しかしながら、「評価の否定」のルールを掲げても、やはり評価に対する不安・懸念が生じて、それが生産性を低下させているのではないかとして、社会的抑止効果の検証が試みられました。ここでの評価懸念操作として、高評価懸念群は、評価者が集団作業中別室からワンウェイミラーで出来栄えを評価する群と、同室で仲間が判断する群の二条件です。低評価懸念群は、他者も観察もない群です。また課題として、論争のある課題（政治的信念の開示で高評価懸念）と、論争のない課題（エンターテインメントの判断で低評価懸念）の二条件です。その結果は、高評価懸念群より、低評価懸念群で、また論争のない課題で生産性は向上しました。

ブロッキング

実験4では、ブロッキングの検証です。集団作業は、メンバー全体の連携と調整を必要とするものです。メンバー間の相互作用でも、実際のコミュニケーションでも、調整をとりながら、メンバー自らの能力・技能を発揮します。しかし、それがうまく働かないと一人ひとりの資質は十分に発揮されません。このように集団相互作用過程で目的に向かっての連携あるいは協応の調整がとれず、結果的に生産性を損なうことを協応ロスといいます。これは、集団作業だからこそ生じるものといえます。

この協応ロスの一つに、生産性のブロッキングがあります。ブロッキングとは、集団作業過程における思考阻害です。集団作業では、集団コミュニケーション、個人内の思考過程、相手の情報への注目などを、一定時間内に同時に進めなければなりません。個人事態であれば、個人内の情報処理のみで思考できます。しかし集団事態となると相手に注目することで、自らの思考が遮断され低下すると考えられます。とくに創造的アイディアの創出では、思考しつつほかのメンバーの反応に注目し、発言しなければなりません。このことが思考を阻害したり、発言の機会を逃し、全体の生産性を損なう原因と仮定し、検証しました。

実験は、四人集団で構成され、実験参加者はそれぞれ別室に入ると、ランプが四個ついたボードがあり、それを操作することで、ブロッキングとコミュニケーションを操作します。一つは自分自身のランプ、ほかはメンバーが話すときのランプです。条件１（ブロッキング＋コミュニケーション、ＥＣⅠ）は、通常の現実集団とは異なって、別々にインターホンを通してコミュニケーションをします。条件２（ブロッキング＋コミュニケーションなし、ＥＣⅡ）は、コミュニケーションがなく、相手の反応はわからないようになっています。条件３（ブロッキングなし＋コミュニケーションなし、ＥＣⅢ）はいつでも話しをすることができますが、相手の反応はわかりません。条件１と２がブロッキングあり、

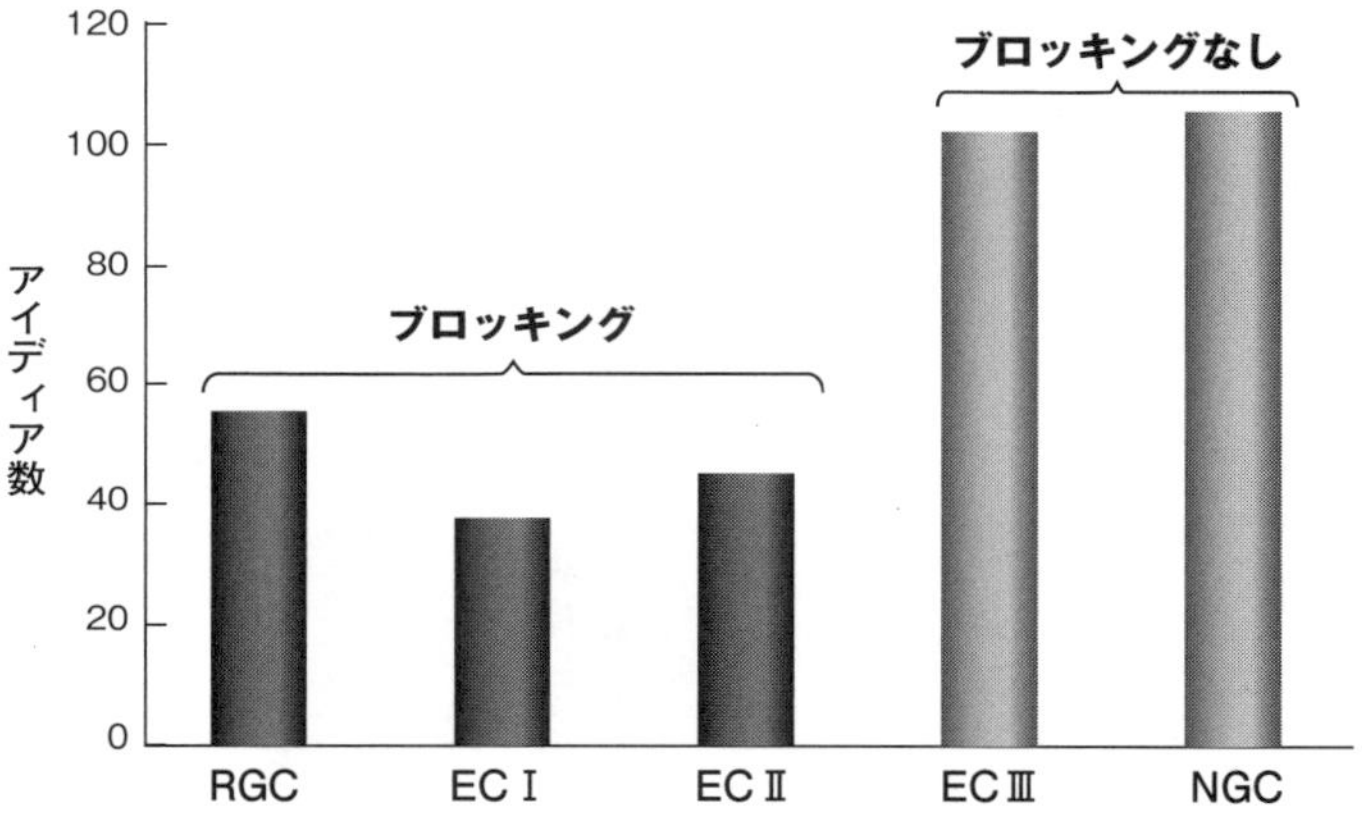

図22　名義集団（NGC）現実集団（RGC）とブロッキング効果によるアイディア数（ディールとストローブ，1987）

ECⅠ＝ブロッキング＋コミュニケーション，ECⅡ＝ブロッキング＋コミュニケーションなし，ECⅢ＝ブロッキングなし＋コミュニケーションなし

条件3がブロッキングなしです。さらに、通常の名義集団（NGC）と現実集団（RGC）とも比較します。結果は図22に示すように、ECⅠでもっとも生産性が低下しました。そして、現実集団、ECⅠ、ECⅡと、名義集団、ECⅢとの間には明確な差があり、ブロッキング効果が明らかとなりました。ほかの阻害要因と比べ、このブロッキングの要因をコントロールすることで、生産性が名義集団の九六％に達しました。彼らは四つの実験結果から、もっと

も顕著に示された実験4のブロッキングが、もっとも生産性を阻害する要因であると結論づけています。その理由を思考の中断と、一人に与えられた時間の問題で説明しました。

その後の実験（ディールとストローブ 一九九一）でも、時間の共有、発言時間、待ち時間を操作した実験を行い、ブロッキングの効果をさらに確信的なものとしました。彼らの結論に対して、ミューレンら（一九九一）は、メタ分析による定量的分析を行い影響要因として、評価懸念を明らかにしました。これまでの実験でも、この評価懸念の効果を検証したものは多く、根強いものがあります。ディールとストローブは三つの影響要因に注目しましたが、阻害要因としてそのほかにもいくつかあります。

認知的同調

メンバー間の相互活性化は生産性の増大につながらず、むしろロスとなることを認知的同調といいます。認知的同調とは、相互交換によるコミュニケーション過程で集団内に一定の思考の枠組み、方向性ができあがり、それ以外の発想がしにくくなることで思考が固定化されることです。このような場合、集団から創出されたアイディア群は、ある特定のカテゴリーのものだけが出現することが多くなり、多様なカテゴリーの展開ができなくなります。ブルームら（一九六九）は、アイディアの質的分析を行うことによって、この点を明らかにしています。実験では四人集団で、課題は行政問題（近くの空軍基地とよき関係をつくるための解決策）を与えました。質的分析は、質の高い解決（実行可能性）に向けて用いられた資源によって、創出されたアイディア群を八種のカテゴリー（たとえば、住宅に関して、交渉の手続きに関して、など）に分け生産性を比較しました。結果は、質の高いアイディア数、またカテゴリー数において名義集団が優勢でした。このことから、ブレーンストーミング集団では、集団にある一定の判断の枠組みができ、そのなかで思考をめぐらし、多様なカテゴリーの展開が見られなくなり、生産性が低下したと解釈しました。

集団効果の幻想？——予測的生産性

一般に、ブレーンストーミング集団に課せられる課題は新奇でなじみのないものです。このような場合、集団の成果の予測はどのようなものとなるでしょう。まず、個人が全体の成果についてどのように関わるか、つまり個人の成果を通して全体の成果に対する構えからの検討が必要です。ブレーンストーミング集団で生産性が低下するのは、個人の成果と集団全体の成果を混同して認知（認知的錯誤）してしまうからと考えられます。個人の生産性は過去の経験などから予測でき、また、一般に人は個人より集団のほうが生産性は高まるとみなし、アイディア数がある程度まで創出されると、それ以上努力をする必要性を感じ

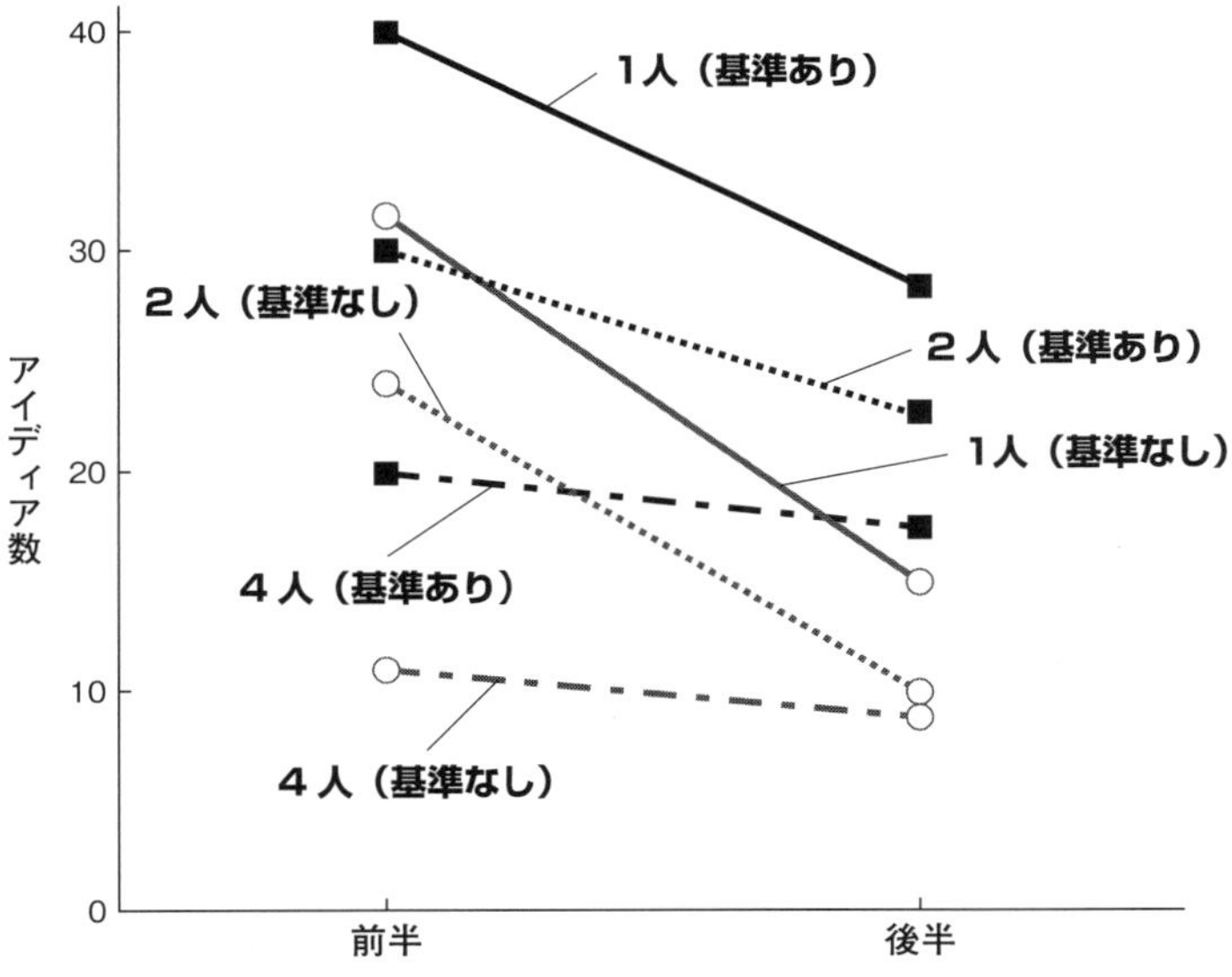

図 23　時間経過におけるグループサイズ，基準あり・なしによるアイディア数（ホンマら，1995）

なくなり（十分生産性が上がったと認知して）、動機が低下し、全体の生産性は低下するのではないかと考えられます。つまり認知的錯誤が生じ、ある程度で満足してしまうのです。しかし、もし何らかの基準が前もって与えられるなら、それが集団の成果の目標となり、生産性は高まり、また集団サイズが大きくなるにつれその程度は増大すると仮定し、ホンマら（一九九五）は実験を行いました。独立変数は集団サイズ（一人、二人、四人）と基準効果（あり、なしの二水準）です。課題は親指問題（もし、親指がもう一本あったらどのようなメリットがあるか）で、解決時間は一五分です。従属変数は、アイディア数の実際の生産性と知覚的生産性です。結果を示した図23から、まずこれまでの検証のように、一人（名義集団）の場合が、ブレーンストーミング集団より生産性が高いものでした。そして基準なし群は基準あり群より生産性が低く、とくに後半時でその傾向が強くなります。さらに、認知的な判断では、図24から、基準なし群でブレーンストーミング集団では実際の成果は低下したにもかかわらず、知覚的生産性は高まることが示されました。これらは比較基準の手がかりがないことで、ある程度の成果があげられると努力を控え、結果的に生産性への志向が低下したためと理解できます。

ディールとストローブ（一九九一）も述べているように、ブレーンストーミング集団は研究対象としてはアップデイトな集団ではないものの、この集団には集団生産性に関する

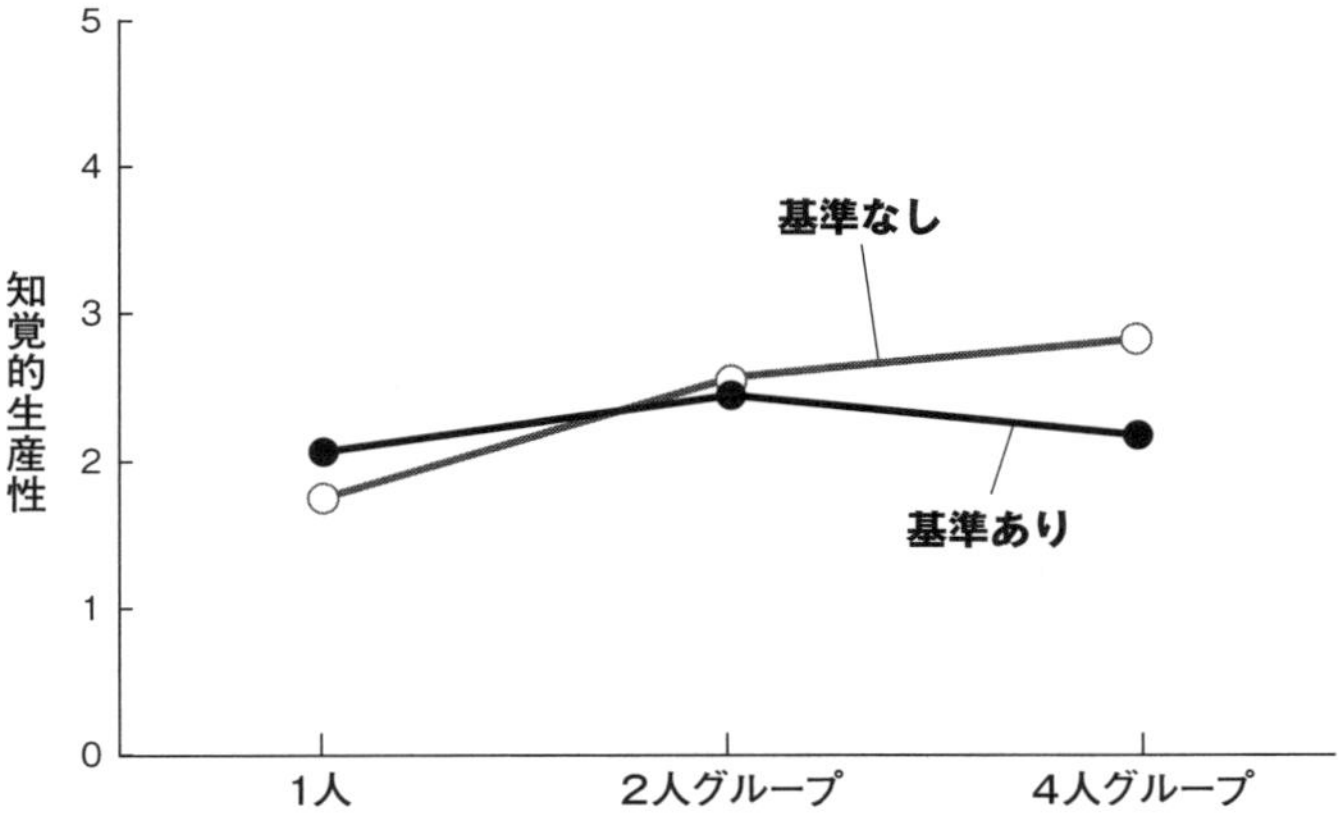

図 24　グループサイズ，基準あり・なし各の知覚的生産性
（ホンマら，1995）

問題の多くの視点が内包されているため、モデル集団として魅力があることも確かです。古いボトルに新しいワインをつめるように、ブレーンストーミング集団における生産性の効果についてさらなる検討が望まれ、そのような研究を通して集団の生産性と個人の生産性との関係が明らかにされることが期待されます。そのような新しい動きの一つとして電子ブレーンストーミング集団があります。

電子ブレーンストーミング集団

ブレーンストーミング集団の生産性の論争では、どのようにすれば効果的集団になるかという検討から、コンピュータ通信を介しての相互交換から問題解決に向かう新たな試みがなされています。それらを総称して、ここでは電子ブレーンストーミング集団とよびましょう。直接の対面によるコミュニケーションのこれまでの知見、たとえば評価懸念（直接の対面ではない）、ブロッキング（文字で伝達することで、相手の発言を考慮せず自由な発言ができる）など、コンピュータを介したコミュニケーション（mediated-computer-communication）の特長を生かして、ブレーンストーミング集団による効果的な生産性の向上を目指しています。たとえば、ヴァラック（一九九四）は先のディールらの研究成果を踏まえ、まず個々にアイディアを提案し、それを全員のファイルとして共有し、個々にまたフィードバックすることで、ブロッキングを抑止することを目指したグループウェアを開発しています。ソーヤー（二〇〇七）も、生産性が高まらないという多くの検証結果にもかかわらず人気のあるブレーンストーミング集団では、協働（コラボレーション）が重要であることを指摘しています。メンバーの多様性、意見交換と内省の時間、発言の抑制をコントロールする工夫など、これまでの生産性を阻害する要因から新たな方策を提案し、日常の集団活動への示唆を与えています。

●生産性の効果

先述のスタイナーのモデルでは、集団の実際の生産性は、メンバーの潜在的資質（生産性）から集団過程で生じる損失が、結果的に集団の生産性に影響を与え、個別で行った生産性と比べ低下するとしました。そこで彼は、プロセス・ロスに注目しました。しかし、これまでも、集団の協同作業を扱った研究では決してプロセス・ロスの知見だけではありませんでした。古くは、ショウ（一九三二）のユーリカ問題を使った実験がありますが、これは、四人の集団事態では、個人事態と比べて時間はかかったものの、正当率は高い結果（個人七・九%、集団四〇%）でした。その理由として、誤答のチェックが機能したとしています。また、ヒル（一九八二）は、先行研究を展望して、必ずしも集団事態のほうが生産性が高まると結論づけることはできないが、メンバーの学習能力、認知的刺激であれば、プロセス・ゲインとなり、正しい反応は多くなり、また誤答も少なくなると概括しています。そして、課題のタイプでは、認知的解決を求めた課題の場合、集団のほうが個別より優れていました。一方、現実の集団では生産性の促進が求められ、プロセス・ゲインの追求も盛んに行われています。オカダとシモン（一九九七）も述べているように、最近の革新的な発見、創造的成果は集団、チームから生み出されたものが多いことから、研究者、実践家もプロセス・ゲインの集団過程に改めて注目し始めています。

集合的帰納による集団生産性

集団を一つの認知的論理的思考体ととらえて集団の効果性の研究が注目を集めています。ここでは思考法の一つとして、帰納法による問題解決が集団で行われる場合、個人事態より優れたものとなることを明らかにしています。一般的に、帰納法とは記述、予測、説明一般化、規則、原理の一連のプロセスを経ます。これは、ある「規則性」を発見するために、一般化に向けて仮説を立て、予測することです。そして、それに従った行為の観察から、あらかじめ立てた予測と照らし合わせ、もしそれに合致したら、もっともらしさ（仮説の予測）の確信は高められます。そうでなければ、その予測は破棄されます。その繰返しから規則性（一般性）を見出していきます。つまり、仮説・予測・観察・確認が繰返し行われるのです。

社会的コンビネーションモデル

このような個人内の思考過程を集団過程に置き換えることを、ラフリンら（一九八三、一九九一）は、集合的帰納（collective induction）とよび、一連の研究から彼らの仮説を検証しました。集団が、これらの過程を通してメンバーから発せられる多くの情報と、それらの結合によって、個人事態より優れた問題解決に到達するとしました。集団では、はじめはメンバー一人ひとりに仮説があるため、全体での仮説は多くなります。また、それに従って予測も実証（確かめ）のための情報も多くなるでしょう。さらには、このプロセスを一人で行うのではなく、それぞれのメンバーが得意な部分で参画することが可能です。そこで、集団のほうがこの過程では優れているので、結果的に規則を発見するのが早く、望ましい問題解決につながると仮定しました。そして、彼はこのような「規則性」を発見するための仮説の形成、予測、観察、確認などメンバー間の相互交換を通して、個人の仮説が集団仮説になり、それを実証するために、それぞれの情報を考慮する過程を社会的コンビネーションモデルとよんでいます。

彼らの実験で使用する課題は、トランプのカードです。トランプの色（赤・黒）、数字（一〜三）、形態（ハート、クローバー、スペード、ダイヤ）の変化を組み合わせて、実験者は「規則」（たとえば、「三の倍数」「ダイヤの偶数またはスペードの奇数」）を想定します。そして、先述した繰返しから実験参加者はその「規則性」を見出すものです。はじめに実験者があるカードを示します。それを手がかりに、集団メンバーはそれぞれ個人の規則の仮説を立てます。それから集団の仮説を予測します。もし、それが実験者の想定する「規則」に当てはまるカードであれば、「正の情報」として、間違っていれば、「誤情報」として、それぞれのカードは分類され、さらなる仮説の予測につながります。これを繰り返し、「規則」を見出したなら終わりとします。このような手続きで行い、個人事態と集団事態（四人）の比較をします。

ラフリンらの実験

ラフリンらの実験（一九九一）では、予測に従った反応を「正仮説反応」、正仮説に結びつかない反応を「誤反応」に分類し、一連の経過でのそれらの頻度を個人レベル（最優秀メンバー、次点優秀メンバー、三番目、四番目）と集団レベルで比較しました。また、社会的コンビネーションモデルとして、各メンバーの仮説がどのように収斂されるかのモデルを立て、その検討をしました。結果は、全体として正仮説反応は最優秀メンバー、次点優秀メンバーが多く、次いで集団でした（図25）。もし優秀な個人がいるなら、個人事

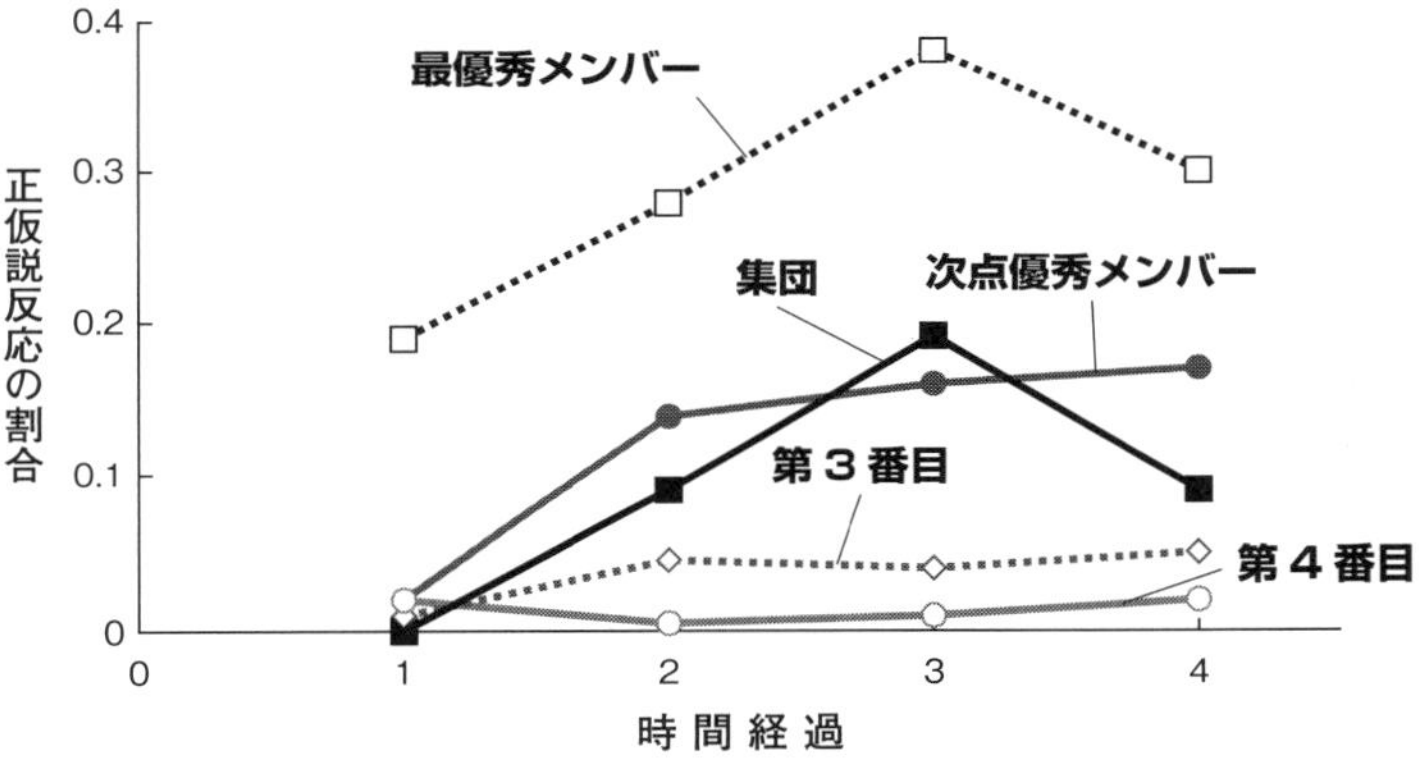

図 25　集団と個人による正仮説反応の割合（実験 1）
（ラフリンら，1991）

態がもっとも優れているという結果になりました。しかし、正仮説に結びつかない反応（誤反応）は集団がもっとも少なくなりました。また、社会的コンビネーション過程では、当初、多数者の仮説を採用するモデルにおいて適合性がもっとも高くなりました。さらに実験2では、このモデルを確認するため、時間の制限、はじめからの仮説一致を除き、全体の反応から再検討しました。その結果、図26のように、正仮説反応と誤反応は見事に交差し、集団においては正仮説反応の率は高く、誤反応が低いものとなりました。

ソーヤーは「凡才の集団は孤高の天才に勝る」（金子宣子訳）と述べ、グループジーニアスが結果的に優れたアイディ

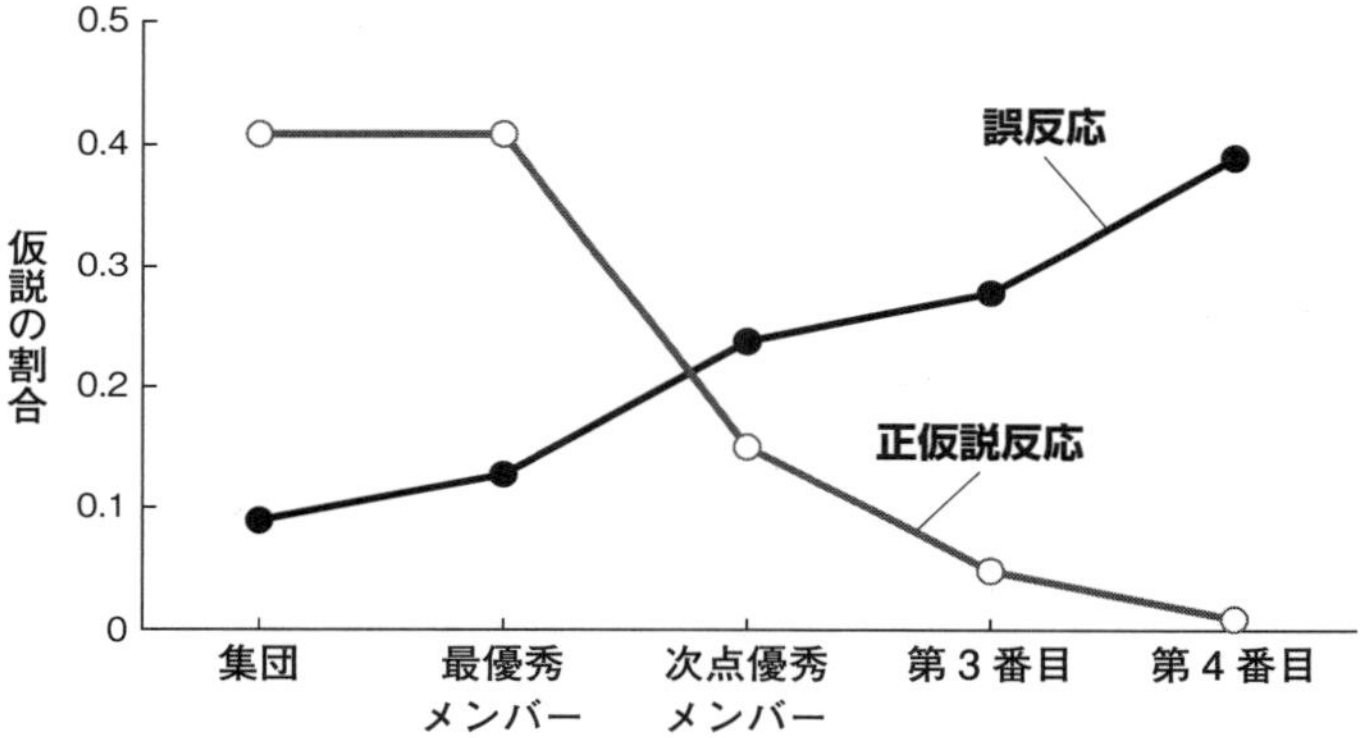

図 26 「正仮説反応」と「誤反応」仮説の割合（実験 2）
（ラフリンら，1991）

アを生み出すことをさまざまな現場から考察しています。そして、個人の創造性がフロー（昂進）状態になることがあるように、集団でも同じようなことがいえ、適切な目標、深い傾聴、完全な集中、自主性、同等の扱い、適度の親密性などがある場合に集団でもこのフロー状態による問題解決が可能であるとしています。

●動機的ロスとゲイン

協応ロスとリンゲルマン効果　すでに解説したように、スタイナーは実際の生産性として、集団過程でのさまざまなロスに注目しています。

そのなかでもとくに、集団の相互作用によって生じる各メンバーの資質が発揮できない連携体制、コミュニケーションなど、いわゆる協応ロスに注目していました。このプロセス・ロスに早くから注目していたものの、忘れられ、また誤解されていたものにリンゲルマン効果があります。リンゲルマンは、フランスの農業技術者（長らくドイツ人の産業心理学者と誤解されていました）で、協同で行う作業のあり方に関心を持っていました。そして、協同作業では、一人ひとりの力が全体の連携・調整では十分に発揮されないことで生じること、いわゆる協応ロスとして明らかにしました。綱引きの作業の実験では、単独では八五キロを引くことができるのに、七人では四五〇キロと、一人当たり七五％の力しか発揮していませんでした。

この作業は、全員が最大の資源を出し合わせることで成果を出す加算的な課題です。このような課題は、一人ひとりの努力が全体の協応をもって結果に結びつくので、集団のメンバーが増加することで協応は困難になり、集団過程のなかでは協応ロスが生じやすいと解釈しました。

集団遂行の低下は動機的ロス

一九七〇年代に入り、インガームら（一九七四）は、このリンゲルマン効果としてのプロセス・ロスの内容を明らかにするため、巧妙な操作を加えた実験を試みました。それは疑似集団条件として、実際は一人でロープを引っ張るけれど、実験の参加者には集団で引っ張っているように思わせるというものです（実験参加者は一番前で引っ張り、あとに続くメンバーは実験協力者で引っ張る演技をする）。つまりこの条件では、この集団の生産性が低下しても協応ロスはありません。もし、生産性に何らかの損失があれば、それは別のロスであると考えました。集団サイズを変化させた結果は、一人の場合を一〇〇（潜在的生産性）とした場合、疑似集団条件でも実際の集団条件（全員が実験参加者）でも生産性（綱を引く力）は低下することがわかり、三人で八五％、六人では七八％の低下となり、それ以上では低下は鈍りました。しかし、疑似集団では協応ロスが生じていないのだから、実際の集団条件との差はほかの要因、つまり動機の低下（動機的ロス）とみなしました。結果では、その割合は動機的ロスのほうが多いものでした。その説明として、認知的フィードバックがないことと責任の喪失をあげています。リンゲルマン効果がこれまで協応ロスとみなしていたのに対して、むしろ動機的ロスと結論づけたのです。

社会的手抜き実験

ラタネら（一九七九）は、この動機的ロスに注目し、これを社会的手抜き（social loafing）とよび、「一人で作業を遂行するときより、集団での作業では個々人の努力を低下させること」と定義しました。彼らは、インガームらと同様の実験操作で疑似集団をつくり、実際の集団と比較しました。まず、実験参加者に作業としてノイズの効果を調べると教示して、できるだけ大きな拍手と大声を出すことを課しました。疑似集団には目隠しをし、ヘッドホンを通して音が入ってくるようにしました。その結果（図27左図参照）は、実際の集団では動機的ロス（社会的手抜き）と協応ロスが混在していますが、疑似集団では社会的手抜きとみなすことができます。それは集団のサイズが増加するにつれて低下し、二人で八二%、六人で七四%となりました。この説明では、集団のサイズが増大するにつれ個々人に対するインパクトは低下することから社会的インパクト理論に基づいて説明しています。

動機的ロスの原因と阻止――識別性

ウィリアムズら（一九八一）は個々人の貢献が他者に明らかになる場合、これを識別性（identifiability）とし、社会的手抜きは生じにくくなることを検証しました。ここでの課題はいわゆる加算的課題で、メンバー全員の成果はプールされるので、個々人の成果は集団全体に埋没し、ほかのメンバーに明らかになりません（識別性がない）。しかし、個々人の成果が他者に明らかになれば、それぞれの成果は埋没しないので社会的手抜きは減少すると仮定し、実験参加者には大声を出す課題を課しました。集団で行う場合、各人は別々のマイクに向かって発声します（個別の識別性条件）。そうすると識別性条件では、一人を一〇〇％として、二人では九八％、六人で九二％でした（図27）。さらに個人でも識別性がない場合、社会的手抜きが生じました。そこで、社会的手抜きを抑止するには、一人ひとりの成果がほかのメンバーに明らかになり、貢献が見失われないようにすることです。これを個人の集団への識別性とし、個々人の成果が集団全体の成果で明らかになったり、個人の貢献が明らかになり、評価されるときは生じないと考えられます。

動機的ロスの原因と阻止――意味ある仕事、関わりがある課題なら

カラウとウィリアムズ（一九九三）は、これまでの先行研究のデータに基づいてメタ分析を行い、その結果から集団の作業では社会的手抜きが生じやすいことを検証しました。しかし、それは媒介要因によって変化することも明らかにしました。その要因とは、集団にとっての課題の重要性とメンバーと集団の関係でした。確かに、これまで実験で用いた課題は身体的な課題（大声を出す、拍手）で、集団との関連が不明確でした。現実の集団課題は、集団にとって意味があり、課題に対して一緒に努力することでその貢献が功を奏したという実感、あるいはそうなって欲しいという期待を持つものでしょう。この効力感と成功への

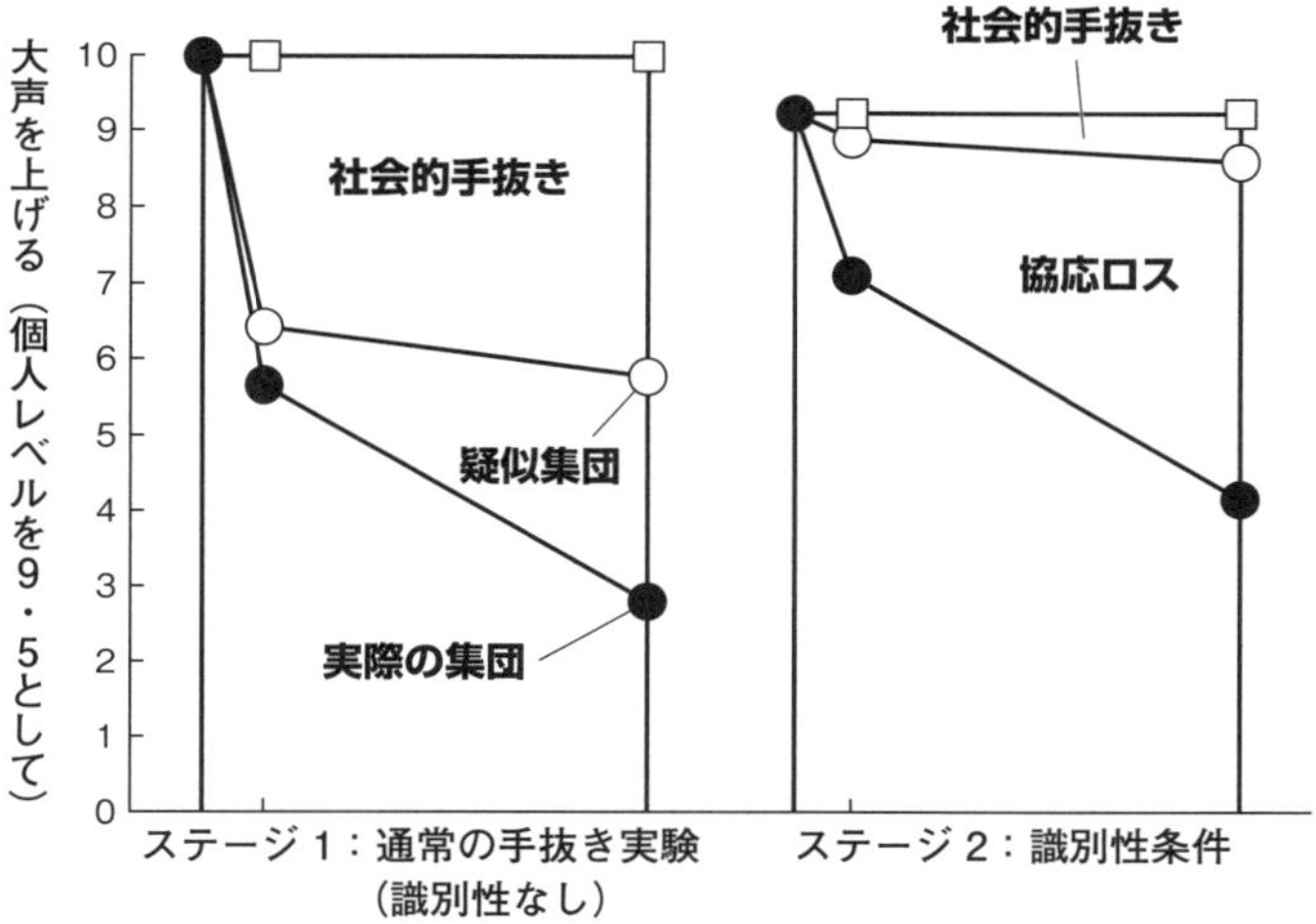

図 27　グループサイズと識別性における大声発声の効果
（ウィリアムズら，1981）

期待は、集団の成果を高め、社会的手抜きを減少させるでしょう。ブリックナーら（一九八六）は、集団の課題に何らかの自我関与、興味が湧く、あるいは挑戦できることがあれば、メンバーはそれに従事し社会的手抜きは減少すると仮定して実験を行いました。課題内容は、試験制度の意見収集として、できるだけ多くの意見を提案するというものでした。自我関与の高い群では、それらの意見は自分たちに適用され、低い群では他大学の学生に適用されるとしました。また、集められた意見はプール（個々人の識別が不可能）され、識別の可能性の条件を加えました。その結果、自我関与の低い群で、そして識別不可能群で社会的手抜きが見られましたが、自我関与の高い群では識別性の有無にかかわらず、社会的手抜き現象が生じることはなく、同程度の生産性が見られました。

努力の必要がない？——不必要感

これまでの研究の多くは、加算的課題を扱ったものでした。これは、メンバー全員に等しく成果を求めるものです。しかし、非接合課題を課せられた場合、メンバーのなかで解決するための能力がないと感じたり、貢献が十分でないと認識したり、さらに集団のなかに、より優れた能力の持ち主が存在することがわかると、当のメンバーは努力を怠ることが予測されます。カーとブルン（一九八三）は、自分の能力は当面の集団作業では不十分だ、自分は

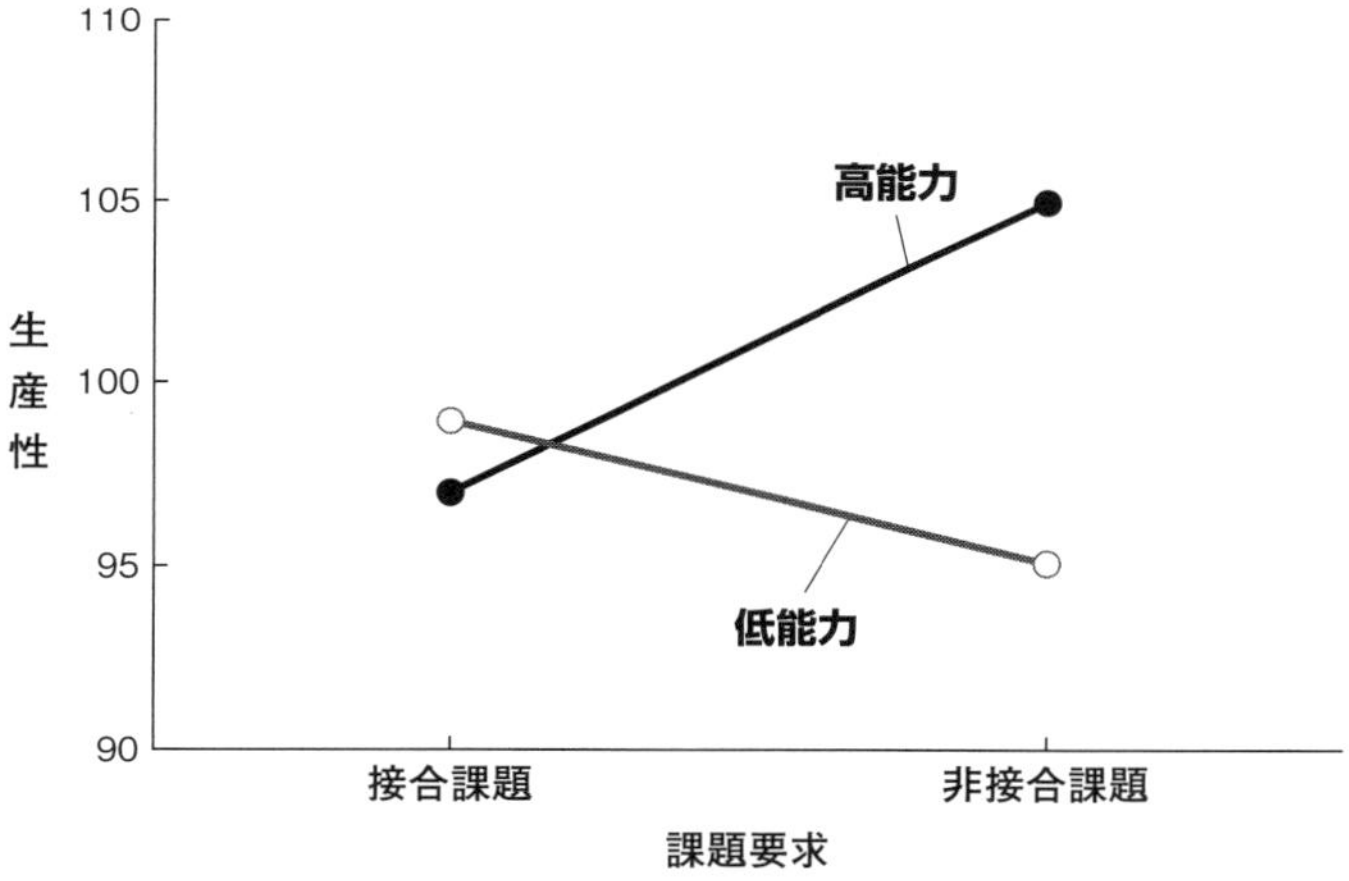

図 28　課題要求と能力の違いによる生産性（実験 I）
（カーとブルン，1983）

必要ない（不必要感）と感じると努力を怠るとしました。彼らは、課題要求として接合課題、非接合課題、加算的課題の条件と能力の程度（高・低）を条件として個人レベル、集団レベルで実験を行いました。その結果（図28）、集団レベルの非接合課題では、課題達成の能力に欠けるメンバーの生産性が低下しました（図では加算的課題は省かれています）。

動機的ゲインとしての社会的補償効果

ウィリアムズとカラウ（一九九一）によれば、努力するかしないかは、一つには課題の問題があり、課題の成果に向けてどの程度の貢献ができるかの認識で決まるとしています。つまり、各メンバーや集団にとって意味がある課題であれば協同作業の成果の期待を高め、そのために努力するのではないかと。そして、もし自分にその能力があるなら社会的補償（social compensation）、あるいは埋合せでより努力するだろうと仮定しました。実験では、実験参加者にブレーンストーミング的問題（ナイフの新たな利用法）を課しました。意味ある課題群は、この課題は認知的に意味があり知性を測ることで重要、と教示します。他方、意味なし課題群は、つまらない些末な課題（意味なし課題）と教示します。さらに、能力の程度では高能力群（相手は高い能力にある）と低能力群（相手は低い能力）の二群です。その結果は生産性（アイディア数）は意味なし課題群では個人事態で高く、集団事態では社会的手抜きが生じ低下しました（図29）。また、相手の能力は関係ありませんでした。しかし、意味ある課題群では相手の能力が影響して、低能力群では集団で高い生産性を示し、社会的手抜きは見られませんでした。また高能力群ではこのような傾向は見られませんでした。彼らは期待価値理論から、集団生産性の場合、人は意味ある重要な課題では成果をより望ましいものにするために、集団のメンバーとして生産性に向けた能力を

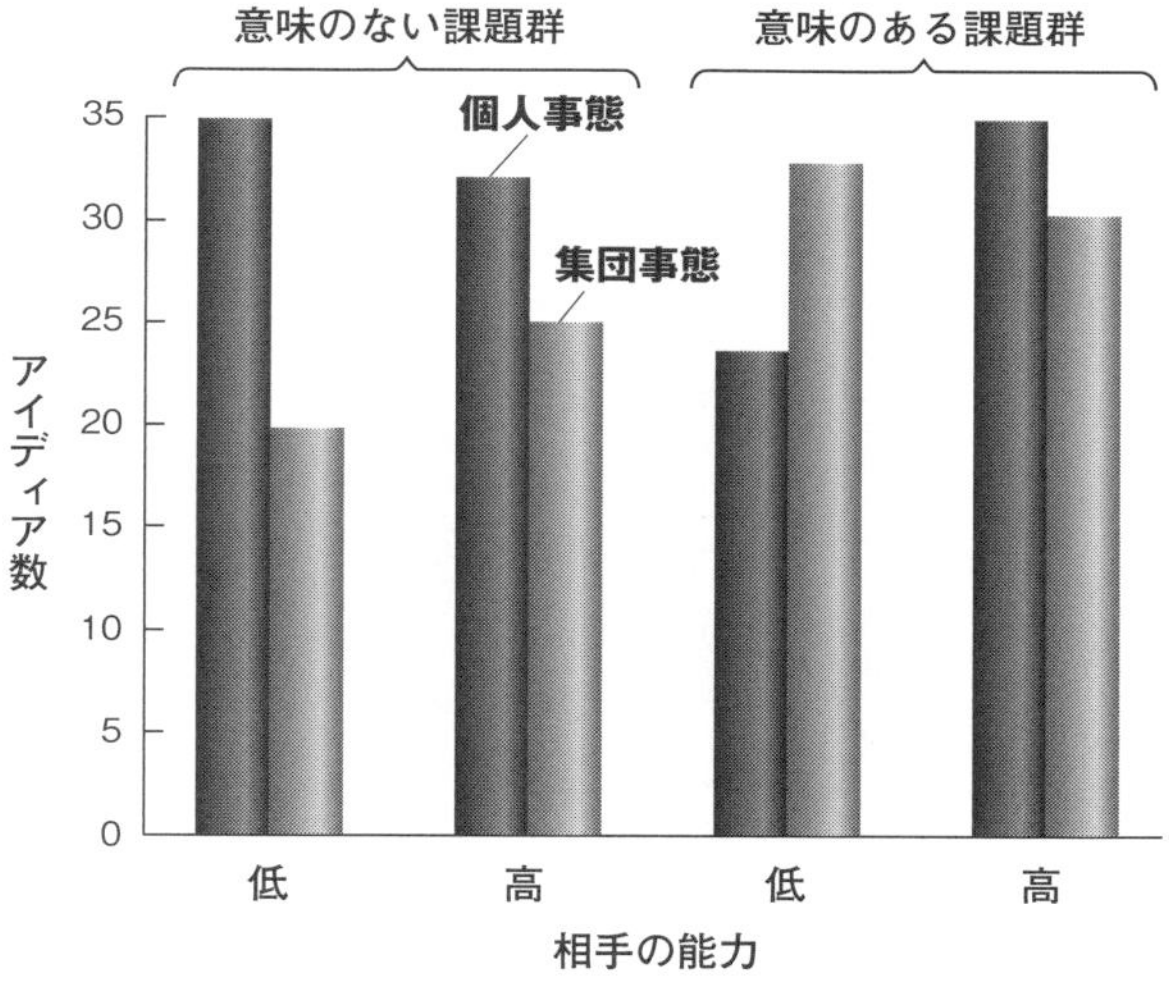

図 29　意味ある課題の能力別社会的補償効果
（ウィリアムズとカラウ，1991）

発揮し、能力の低いメンバーの生産性を補うことで、より努力して全体の生産性を高めるとしました。

動機的ゲインとしてのケーラー効果　もし、自分が全体の生産性に貢献できなければ、そしてそれが自分の原因（たとえば能力の低さ）であれば、その償いとして、そうでないメンバーより努力を傾けるのではないでしょうか？　これは努力を怠るのではなく、さらなる努力に向かうことで、ケーラー効果とよばれています。実は、この効果は八〇年前に指摘されていたものです。この効果を改めて紹介したウィト（一九八九）によれば、ケーラーは、一九二七年にはこの実験を行っていました。人は集団のなかで、目的が明確でそれが集団にとって意味があれば、一所懸命になり、とくに自分にその能力がないと認識したメンバーはより努力を傾けるという結果を示したのです。ケーラーの実験を改めて検証したストローブら（一九九六）は、実験参加者に輪の回転課題としてできるだけ速く回すことを求めました。回転数は自動的に測定されます。結果は、単独の作業をゼロとした場合、集団内に能力の不一致がある場合の高能力者はマイナス一五二、メンバーの能力が均等な場合はプラス一〇一でした。ところが不一致がある場合の低能力者ではプラス二八三で、均等な場合はプラス一二〇でした。つまり集団の成果に貢献が少ないと認識したメンバーは、努力によって能力の低さを補おうとするのです。また、それは仲間の優れたメンバーとの比較過程で生じるとして、それを上方社会的比較（upward social comparison）で説明しました。これは、先にあげた社会的補償効果とは異なり、むしろ劣位にあるメンバーの動機的ゲインです。ハーテルら（二〇〇〇）は、動機的ゲインとして社会的補償効果よりも、ケーラー効果のほうが生産性の向上が顕著に見られたことを実験で明らかにしています。

動機的ロスとゲインはコインの表裏？

集団内で当面の課題に対する貢献度の低いメンバーは、自分の能力は不必要として努力を怠るのでしょうか。それとも動機が高まり努力をするのでしょうか。ウェバーとハーテル（二〇〇七）は、動機的ロスとゲインの関係を検討する上で、集団内の成果に向けた貢献度の低い劣位メンバーに注目しました。なぜなら、集団の生産性ではメンバー一人ひとりの成果が重要で、個々人の能力がそれを左右するからです。これまでの劣位の能力者の説明では、ケーラー効果から発した上方社会的比較と不必要感で説明され、この両者は錯綜しているからです。彼らはこれまでのデータからメタ分析を行いました。その結果は、能力の低いメンバーは課題要求（加算的、接合、非接合）、課題タイプ（認知的課題、運動課題）、性差といった要因にかかわらず、動機的ゲインの存在を示しました。また、共同作業者が優れているという情報があると、なおのこと動機的ゲインが生じました。さらに、動機的ゲインは集団サイズが低下するにつれ増大しました。これについては、識別性の知覚の増大が関わっているとしています。そして、これらの結果から、成果を上方と比較（動機的ゲイン）するか、下方と比較（動機的ロス）するか、また全体の成果として自分の貢献は必要（動機的ゲイン）かあるいは不必要（動機的ロス）かはコインの表と裏の関係で、ゲインとロスは同じモデルで説明可能ではないかとしています。

●集合効力感

しかし、改めて考えてみると集団目標へと向かう動機は、個人レベルの動機よりも、集団全体としてメンバー間で共有され、集団との関わりのなかで生じたものがあり、それが全体のやる気を動かすともいえます。この集団ではできそうだ、みんなでやれば何とかなる、これまでもみんなでがんばってきたなど、集団目標に向けての協同作業では、個々人の力量、やる気、能力に対する評価とは別に、集団として目標へ向けたメンバー同士の相互促進を通してなされるものと考えられるからです。この点についての総合的モデルがカラウとウィリアムズ（一九九三）による集合努力感モデル（collective effort model）です。このなかで、彼らは個人のレベルとしての効力感をその要因の一つとしています。しかし、個人レベルのものがメンバー全員で共有された効力感となれば、それは集団全体を動かす動機となるでしょう。それが、集合効力感（collective efficacy）です。

集合努力感モデル

共有された信念としての集合効力感

バンデューラ（一九八六、二〇〇〇）は、目標達成への動機の一つとして、当面の課題達成に対する自己の能力への信念を自己効力感として提唱しています。この個人レベルの信念過程を集団に敷衍し、集団事態でも生じうるとし、これを集合効力感としました。その定義は、「集団として、課せられた目標を達成するために必要な能力を統合し達成に向けて実行するチームメンバー同士の共有した知覚的信念」としています。そして、それはチーム（集団、組織）に課せられた仕事の遂行、達成志向、メンバーの能力・技術への期待・予測・判断と、達成への努力・見通しに関することです。ここでは単に、個々人メンバーの効力感をまとめたものではなく、集団の相互作用を経て獲得され、集団認識として共有された信念としています。この信念は、集団で期待された達成へ向けて努力し、失敗に直面してもそれに耐えることを可能にします。このような集団メンバーに共有された信念は、成果に向けてメンバーの相互作用が必要とされる集団（チーム、スポーツ競技など）ほど明確なものとなるでしょう。

さらに、この信念には集団の協働が重要な鍵となるとして、ザッカロら（一九九五）は、集合効力感を「各メンバーのリソースを集め、協応、統合して集団に課せられた作業をより望ましい結果に導くべくメンバー間に共有された集合的コンピテンス感（有能感）」と

しました。ここに含まれる構成要素として、

ⓐ共有された信念（過去経験、シンボル化された言語などを通して集団内の文化、規範などで形成されたメンバーの内集団の認知）。

ⓑ協応的活動のコンピテンスの知覚（各メンバーの能力が作業達成に向けて効果的に統合、適切な能力・スキルの集合、役割分担、情報の交換）。

ⓒほかのメンバーのリソースの考慮（ほかのメンバーの潜在的能力の予測、動機の予測、集合的努力、集団構成）。

ⓓ課せられた作業の内容（具体的作業達成の方向、目標、成果の判断）。

をあげています。

集団スポーツ競技の効力感

スポーツチーム、産業組織集団におけるチームあるいはプロジェクトチームは、集団内の強い相互依存関係、集団目標の共有と認識の高さ、規範の形成、一体性などにおいて基本的に共通した集団です。これまでも、実際の検証ではバレーボール、アイスホッケー、バスケットボールなど、チームスポーツの競技でこの集合効力感の効果を検証しています。

本間ら（二〇〇五）は、学生のラクロスサークルを対象として、大学チーム間の対戦の

集団成果から集合効力感を検討しました。この競技自体は、サッカーに似て極めて強い相互作用が必要とされ、また集団の成果としての勝敗が明確です。メンバーは、このスポーツを好み、共有する明確な目標があり、そのための集団規範・集団一体性の認識があり、何よりメンバー間にある程度の安定した相互作用が継続しています。調査対象者は、関東学生リーグ戦に出場予定の一四大学のサークル（人数は一五名から七〇名）です。競技人数は、男子は一〇人、女子は一二人で一チームを構成します。集団の成果は、その集団内で構成されたチームの秋期学生リーグ戦の勝敗です。調査は対戦前の一カ月以内に実施しました。

質問紙内容は、集合効力感に影響する六要因を仮定しました。①過去の成果（過去の集団の成果の経験とそれに伴う感情、継続する成果への予測と信念）、②モデリング、代理学習（自己効力感を形成する代理体験としてのモデリング）、③目標設定の明確さと達成の可能性、④課題・競技の性質、⑤レディネス、⑥チームワーク、です。

集合効力感尺度の構成要素

これまで集合効力感の尺度はなく、集合効力感に関する概念、項目などを参考にし、一六項目を作成しました（表1）。尺度では、集合効力感は二つの下位概念で構成されていることが明らかになりま

表1　集合効力感要因（本間ら，2005）

	項目内容
プロセス信念	●誰かが困ったときは，メンバー同士お互いが助け合うだろう ●これからもこのチームだからやっていけると思う。 ●次の試合に向けて一丸になって協力し合い，努力することができるだろう。 ●みんながこのチームに対する期待や魅力をもっていると思う。 ●私たちのチームメンバーだからこそ，やっていける自信がある。 ●皆に困難をのりきろうとする意志が感じられる。 ●私たちは皆一丸となって頑張れば，満足のいく結果を得られるだろう。 ●皆良い成績を出そうと努めている。 ●私たちは，良い結果を出すために必要なことを理解し，それを実行することができるだろう。 ●皆が共通の目標達成意欲・課題達成意欲を持っていると思う。
成果信念	●メンバーの能力が十分に発揮されて，成績をあげることができるだろう。 ●このチームは次の試合は目標を達成できるだろう。 ●このチームの結果は，周囲の人（チームメンバー以外の人）から高い評価を得られるだろう。 ●メンバー誰もが満足のいく成績を上げることができるだろう。 ●このチームは今後良い結果を出せるだろう。

した。課題達成に向けての協働作業の過程におけるメンバー間の共有された信念、すなわち「プロセス信念」と、その結果の予測あるいは期待の共有された信念、すなわち「成果信念」です。今回の予測の一つとして、集合効力感が高いチームほど望ましい成果（よい結果）が得られるという仮説を検証するため、集団レベルの従属変数で、勝ちチームと負けチーム間で下位概念ごとの比較を行いました。その結果は、二つの下位概念ともに勝ちチームと負けチームの差は示されませんでした。しかし、集団構成をはずし、勝ちチームの所属メンバー、負けチームの所属メンバー間の個人レベルで比較したところ、「プロセス信念」と「成果信念」ともに勝ちチームのほうが負けチームよりも有意に高く、集合効力感は高いものでした。

さらに、集合効力感の下位概念が成果に与える効果を調べるために「プロセス信念」「成果信念」を独立変数、成果を従属変数として検討した結果、「プロセス信念」は勝敗に影響を与えていましたが「成果信念」からの影響は認められませんでした。

プロセス信念がより効果的？

この集合効力感を規定する先行要因を明らかにするため、今回は対象となる集団特性も考慮し、六つの影響要因から集合効力感の先行要因となるモデルをもとに検証しました（図30）。まず、「プロ

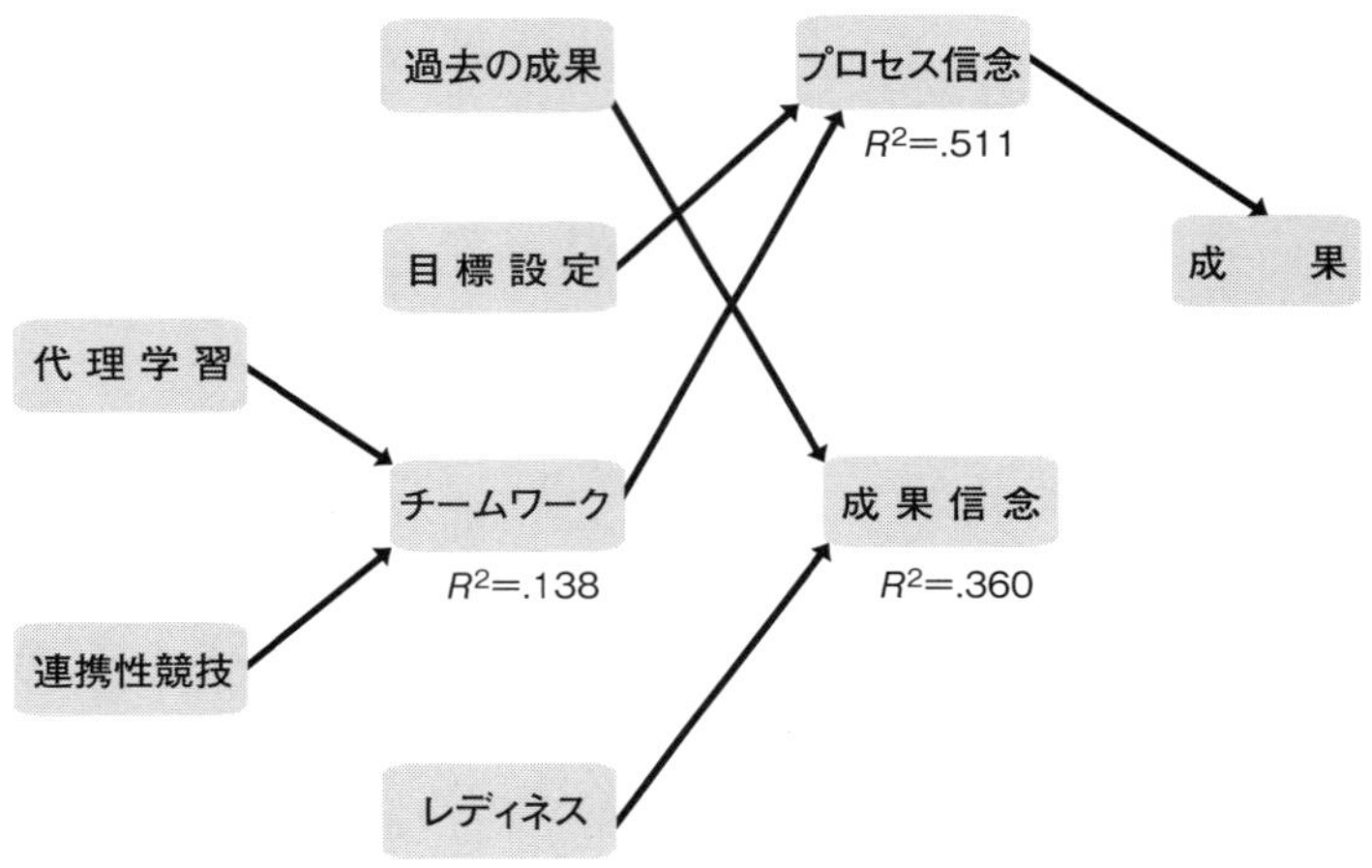

図 30　集団成果と集合効力感と影響要因の関係（本間ら，2005）

セス信念」へは、「チームワーク」と「目標設定」が影響を与え、そのなかでも強く影響を与えているのが「チームワーク」でした。メンバー間で高い「チームワーク」の認識が感じられている個人は、まとまりがよく、協力関係ができており、相互に信頼し合っている状態です。つまり、結果に至るまでの自分たちの努力や団結力に対する自信につながると解釈できます。さらに、それは「モデリング（代理学習）」とも関連していました。また「目標設定」は、チームの目標が具体的で、自分たちの能力に合った適切なものかどうかを訊ねたものです。そのような明確な目標は、自分たちがどのようにすれば達成できるかを理解しやすく、自分たちがとるべき行動が理解できていれば、結果に結びつけるための行動をとることができるという自信につながると思われます。

次に、「成果信念」への影響では、「過去の成果」「レディネス」が強く影響していました。集団にとってそれまでの成果の認知である「過去の成果」は直接次の成果を予測させることが可能で、自分たちはまたよい結果を出せるという自信につながります。また、練習や試合のためのコンディションづくりが十分にできていると感じていれば、よい結果が出せるという自信になります。よって、「過去の成果」や「レディネス」が「成果信念」に影響を与えたと考えられます。とくに、レディネスという準備状態が「成果信念」と関連性が高いことは、練習量の認識から見ても納得がいくでしょう。

この集合効力感の二つの構成概念を比較すると、「プロセス信念」で強く規定し、また、成果につながっています。このことから集合効力感は「成果信念」より、プロセス、つまり日常の相互作用の過程のなかで集合効力感の信念の共有が育まれると考えられます。

今回の対象集団は、大学サークルのスポーツ集団という特殊性はあるものの、成果に至る協働作用の過程で、知覚的に共有した信念が集合効力感を導き、それが望ましい成果に導いたということを示しています。目標が明確な集団では、ボランティアグループ、プロジェクトチーム、企業内のチームなどにも援用できるでしょう。集合効力感は、集団のメンバーに共有された信念です。したがって、個人の得点で比較するのではなく、チーム単位の集合効力感反応が本来の概念を説明するはずですが、今回そうはなりませんでした。これはほかの研究でも見られるもので今後の検討課題でしょう。

5・集団の意思決定あるいは合意形成のために

●多様な集団の意思決定

会議社会と集団の意思決定への信頼

現代社会では、多くの事柄は集団の意思として決定されています。たとえば、わが国の新たな裁判員制度では、裁判官と、国民から無作為に選ばれた裁判員との集団討議で被告人の適切な罪状（あるいは無罪）と量刑を決定します。行政機関では、選挙で選ばれた代表者が付託を受けて、議会で政策を決定します。そこでは、第三者に委託した間接的な決定、無作為に選ばれた人々による決定、直接の話し合いの決定などさまざまです。私たちは日常、多くの事柄を委員会、会議、協議会、話し合いなど、名称はさまざまありますが関係する人々の意思の反映として集団で決定・判断をします。それは、時間的なエネルギー、コストも相当かかるものです。しかし、集団の意思決定としての会議なしには考えられなく、現代社会は「会議社会」（吉田 二〇〇〇）とよばれることがあるほどです。

集団の成果では、第4章で取り上げた生産性と、あと一つ重要なものとして集団の意思決定あるいは合意形成があります。民主主義社会では、事柄に関わる人々の意思が反映されているかどうかを重要視するため、人は集団で決定することを当然のことと認識しています。さらに、どうもわれわれのなかには、集団の判断は正しく、そして合理的であるという認識があるようです。スロウィッキー（二〇〇四）も、「みんなの意見は案外正しい」（小高尚子訳）といっています。それは、集団を構成している人々の意思を集約して反映したものであるという認識からでしょう。確かに、人は個人の決定より集団の決定のほうが質的にも優れ、その後もそれが維持されるという認識を持っているようです。それは以下の理由によるものと思われます。

一つめは、関係する複数の人々による多様な情報の集積から検討でき、結果的に質の高い判断が可能と考えるからです。二つめは、関係する人々の意思が反映されるので決定内容がみんなに理解されやすくなります。さらに、決定に参画することで、その後、実施する際にも積極的にその決定を順守するようになります。最後の点では、すでにレヴィン（一九四三）が集団決定として実験的に検証し証明しているものです。この集団決定とは、集団討議に参画し、集団で決定したあと、挙手によって決定した場合、その決定事項の順守がより効果的になるというものです。

会議は面倒？

しかし、一方では、このような集団の意思決定に対する不満の声も漏れ聞こえてきます。それはまず、時間がかかることです。会議の時間設定から、同時に、関係者を集合させるための日程の調整があります。また、コミュニケーションでは、議事進行などで、しばしば感情的議論が集団の士気を低下させてしまうこともあります。あるいは、特定の人物が支配的になり、集団の決定がその人物の意向に偏ることもあります。さらに、情報が多すぎて議論が拡散したり、情報すべてを視野に入れた検討ができなかったりと、情報の多さがかえって混乱を招く場合もあります。そして何より、参画意識の低さは会議そのものを形骸化させ、それが単に、「決定」するための手順にすぎず、会議は合意形成のお墨つきを与えるにすぎないという場合もあります。とはいえ、集団による意思の決定や合意形成を否定する人はあまりいないでしょう。集団研究においてもこの意思決定についての関心や研究は古くも新しい領域なのです。

●集団意思決定のプロセス

集団での意思決定は、情報の収集、討論、分析、決定、その順守と実行という流れで行われます。それはどのようなプロセスを経るのでしょうか。ここではウィッテンバウム（二〇〇四）による機能的集団意思決定理論を参考に見ていきましょう（図31）。

集団の討議場面を解剖

はじめに、オリエンテーションのフェーズがあります。これは討論に向かっての準備状態です。ここでは、参画メンバー、決定すべき事柄、そしてそのリソースをメンバー間で共有することです。この事前の準備が十分になされているかどうかが会議を生産的にも非生産的にもします。また、この会議で何を問題にし、どのように決定するかを明確にします。とくにこの決定方式は重要です。これについてはデーヴィス（一九七三）による社会的決定方式（Social Decision Scheme：SDS）があります。彼は三つの決定ルールから、それが正解に至る過程を確率論として予測しています。そのルールとは、正解（truth-wins rule）、多数決（majority-rule）、全員一致（unanimous rule）の三方式で、さまざまな現象に当てはめ、その妥当性を検証しています。

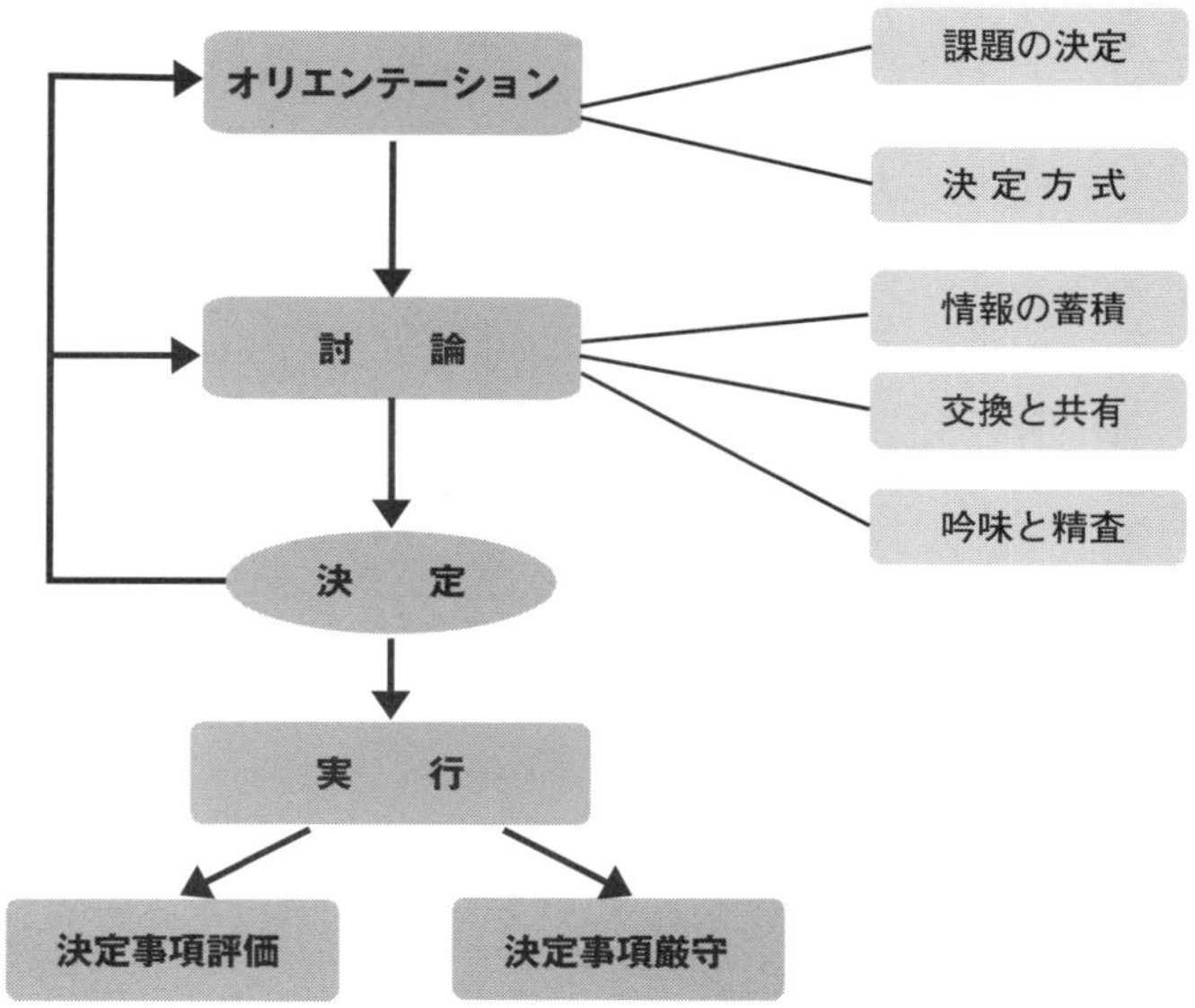

図 31　機能的集団意思決定理論から（ウィッテンバウム，2004 を参考）

また、集団の意思を反映させる方法として、

①リーダー指導型（寡占型）……リーダーあるいはリーダー的立場のメンバーが実権を持つ。多くのメンバーは意見を述べるだけ。

②諮問を受けて答申する方式……メンバー当人に決定権はなく、決定を上位の機関・メンバーに託する。

③民主的決定（多数決）……メンバーの意思の反映の多いほうに決定。過半数、あるいは三分の二以上など。

④コンセンサス（合意決定）……全メンバーが同意するまで討議。

を例示しています。どの方式がよいかは課題の性質、討議時間、質（どれだけ慎重に行うか）、メンバーによる課題の受容と実行などによって異なります。さらに適切に解決できたかどうかを明らかにするため、集団方向、決定をするのに必要とされる資源・リソースの明示、決定にとって障害になると思われるものを排除、情報収集、決定までの過程の特定化、会合の基本ルールを明確にする、といった準備をしていきます。こうしてメンバー全員に共有された心的状態をつくります。

次は討論のフェーズです。ここでは情報共有、集団としての情報の記憶、必要とされる情報の開示などを行います。つまり、ここではそれぞれの意見（情報）を集合し蓄積し、

記憶とし、それらを熟慮し吟味します。このような集合的情報過程アプローチを通して、それぞれの情報をメンバーで共有して解決に向かうのです。

そして、意見の集約と集団の意思としての決定があります。どのような決定方式で決めるかは、はじめのオリエンテーションでの決定に従います。それは、決定方式が集団の意思を左右しそのまま最終決定に反映するからです。集団の決定がなされたあとは、その実行があります。そこではこの決定事項の厳守と評価が行われます。決定事項の厳守には、関係者への公示とチェック、そして決定を守らない場合の対応などがあります。評価は決定内容が当集団において適切なものかどうか、あるいは効果があったかどうかのチェックがあり、その評価が低ければ、再度の意思決定になります。

●手続き的公正——決め方の公正感

集団の意思決定においては、ルールに従って、公正に行うことへの関心が高く、公正な方法で決められたか否かが決定内容ばかりでなく、あとの実行にも影響を与えます。このような決定に至る過程の公正を、手続き的公正（procedural justice）とよんでいます。社会心理学では、実体が公正であるかどうかよりも、公正と知覚する（公正感）かどうかに視点が当てられています。一般的には、フェアネスとかフェアとよばれるものです。

これまで、集団・組織行動での公正については、分配公正が主として検討され、決定に至る過程の問題の認識は低かったといえましょう。しかし、近年、この公正感が集団の意思決定に極めて重要な意味を持つことが指摘され始めました（リンドとタイラー 一九八八）。

この集団意思決定の手続きにおける心的過程の体系的研究は、チボーとウォーカー（一九七五）によって行われたものに遡ります。彼らは、意思決定の手続き上のフェアネスを、決定に関係する情報を与える機会と決定の支配が可能な程度（決定権）とに分け、前者を過程コントロール、後者を決定コントロールとしました。いわばこれは、決定に際しての個人がどれほど決定をコントロールできるかということです。

手続き的公正の基準

この手続き的公正の基準を検討したのは、レーベンサール（一九八〇）です。彼は、手続き過程が公正であるための六つの基準を設けました。

①人、時を超えた一貫性がある。
②偏った判断を抑制している（決定者が特定の決定に利害を持たない、教条的な決定をし

ない)。
③多様で的確な情報に基づいている。
④誤った決定がわかればそれを修正する機構、装置がある。
⑤決定者の代表性がある(意思決定集団における下位集団の代表性)。
⑥倫理にかなった判断をする。

このなかでも、①の一貫性はよく検討されていて、たとえば、バンデンボスら(一九九六、一九九七)は、手続き的公正として、オリエンテーション時で決定の仕方のルールや方式が最終の決定まで一貫していることが重要であると検証しています。しかし、レーベンサールは分配公正の判断がより重要視されるとしました。なぜならば、日常場面では手続き上の問題は社会システムのなかに溶け込み、それが効果的に作用していれば注目されないし、また関心もおよばないからです。しかし、分配公正は具体的に報酬、利益として個人に還元されるので顕在化しやすく、このことが個人は分配公正の判断をより重要視するとしました。

しかし、決定をいかにコントロールできるかでは、その決定に反映されるためにどれだけ発言の機会、参画があるかといった自らの意思・意向の発露の可能性も重要です。つまり、過程コントロールで、フォルガー(一九七七)はこれを発言効果として検討しています。そして参画すること、表現することそのものに意味があり、必ずしも決定コントロールのみが規定因に関わるのではないこともわかってきました（本間ら二〇〇二）。

決定を委ねる場合

　ところで、当事者が直接決定に関わらず、第三者に決定を委ねる場合は、その第三者に対する手続き的公正が問題となります。レーベンサールの基準⑤です。チボーとウォーカーは、第三者は当事者間の決定過程を実行できない場合の次善策であり、それは個人のコントロールを低下させるためとしています。しかし、行政機関や企業組織などでは、政策決定、紛争解決の調停、人事査定など、社会・組織が複雑な現在、次善策としてではなく、積極的に第三者に決定を委ねることがあります。その場合、その第三者に対する決定のあり方、つまり、手続き的公正も問われます。タイラーら（一九八九、一九九二）は、第三者を権威者（authority）として下位集団の公正感から検討しました。権威者とは、下位集団の代表として決定権を持つと公認された立場、あるいはその上位集団・個人です。公正感の程度については、権威者の決定が下位集団に受容され、実行されたかどうかで判断します。

　これまで、このような手続き的公正は、大きく二つの方向で考えられてきました。それは道具的モデルと関係性モデルです。道具的モデルは、決定当事者の参与・自由裁量の程度で、決定コントロールが高いと手続き的公正があるとみなします。また、関係性モデルは、集団とメンバーとの社会的結合を前提にして、この関係性が充足されるためには手続き的公正が必要であるというものです。後者の関係性をモデルの中心に置く理論が、タイラーら（一九九六）によって提唱された集団価値理論です。

集団価値理論

集団価値理論（group value theory）によれば、手続き的公正は、短期的な個人の利益よりも、集団や組織の利益を優先させ集団・組織を持続させることに価値を置くもので、長期的展望として強い影響を与えるとしています。そして、この公正を権威者（第三者）の公正性に結びつけ、より洗練された理論を構築しました。

ここでは図32のように、集団メンバーにとって、権威者の判断に中立性、信頼性、地位の認識があると認められれば、集団のプライドを生起させ、また集団内の敬意（respect）をもって受容されているとの認識が生まれ、結果的に集団志向的行動と高い自己評価あるいは自尊心に導くとするモデルです。彼らは、自らの属する集団（職場、家族、大学、国家）に対して、集団へのコミットメントや自尊心が権威者の関係性判断と有意に関係することを検証しました。手続き的公正が、集団・組織にとって重要な意味を持つのは、単な

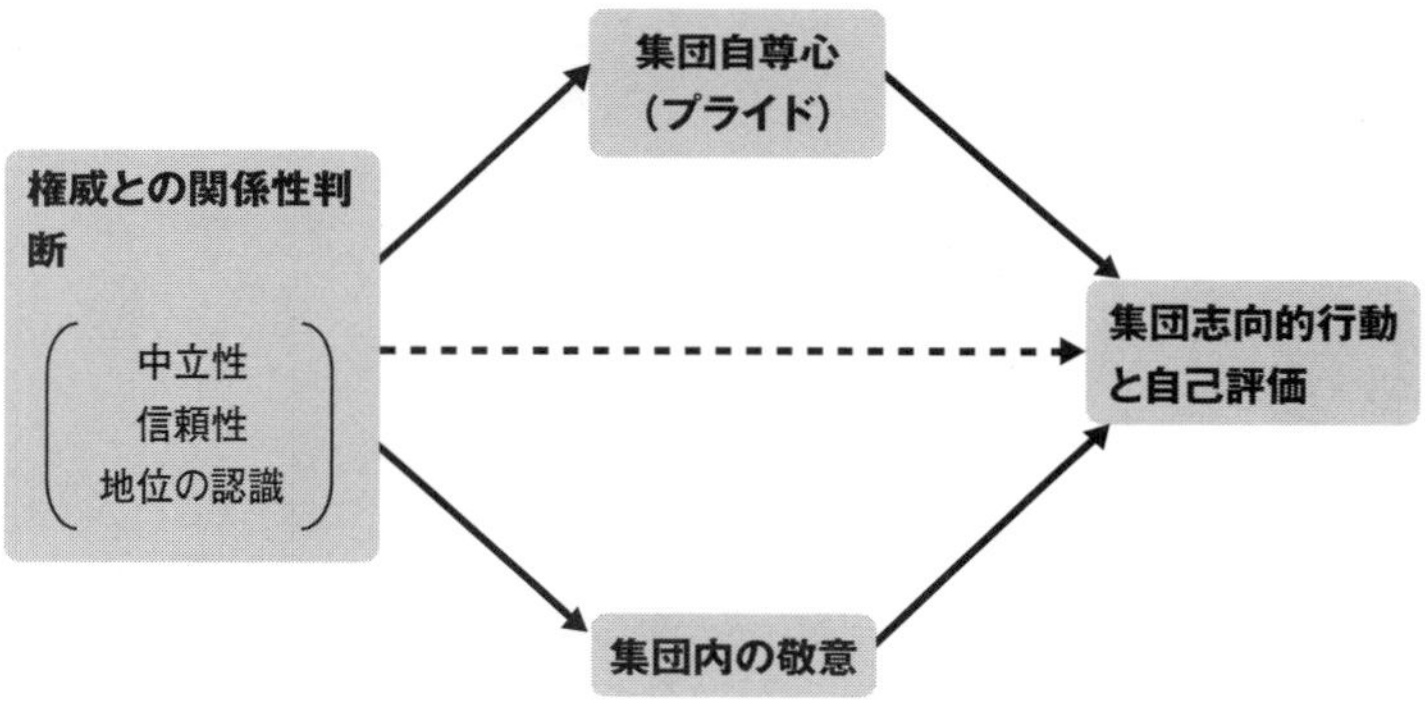

図 32　手続き的公正の集団価値モデル（タイラーら，1996）

る道具的役割としてよりも、集団とメンバーの関係と密接につながっているからです。

組織行動と手続き的公正

行政機関・企業などの組織化された集団では、第三者を介した決定事項には多様なものがあります。組織目標、業務評価、報酬の評価、資源・成果の配分、地位の異動、そして組織内の紛争解決など、組織が複雑になるほど決定権を第三者に委ねることは多くなるでしょう。そして、決定の過程のあり方は、決定事項の順守、組織への態度、生産性、第三者への態度など、組織全体に関係するでしょう。多くの検証結果は、決定の順守、関心の存続、組織への関与などが組織行動に有効に作用することを明らかにしています（たとえば、グリーンバーグ 一九八六）。

組織行動では、手続き的公正と分配公正とは一連の過程であるため、この二つの公正は対応したものとして検討されてきました。当初、手続き的公正は分配公正と比べると重要でなく、後づけにすぎないとされていました。つまり、決定された結果が重要で、それがどのような手順、過程で決まったかはさほど重要ではないとされていました。しかし、その後の研究では手続き的公正は組織に対する態度・行動に、分配公正より長期的に大きな影響を与える知見も多く得られています。

手続き的公正と組織と仕事のコミットメント関係

本間と本多ハワード（一九九八）は、手続き的公正が組織行動にいかなる影響を及ぼすかを検証するため、組織コミットメント、仕事コミットメントに関して、手続き的公正、分配公正との関係、さらには仕事の性質と公正との関係から検討しました。ここでの組織コミットメントとは、ザッカロ（一九八九）によれば、「特定の組織に対する個人の同一化と関与の強さであり、組織の目標と価値の受容、組織のために留意する意思、組織メンバーを維持する欲求」です。また仕事コミットメントも組織から自分に割り当てられた仕事・職務に関与する程度とします。

これまでの実証的知見から、長期的な組織関与は分配公正よりも手続き的公正に影響を及ぼすと考えられます。そして、組織コミットメントは分配公正よりも手続き的公正に強く規定されると考えられます。分配公正では決定の結果、集団目標の還元では個人の目標と関係が強いということです。そこで、個人的成果は仕事コミットメントへの影響が強いと予測されます。しかし、これは職務として規定された仕事の性質により異なり、独立性・専門性が低い職種では、むしろ手続き的公正に影響すると予測しました。独立性・専門性が高い職種は、仕事内容が明確で専門職とみなされるもので、たとえば看護師などの資格を有するものやあるいはほかの組織でそのまま通用するものなどです。そのような職種は組織への依存の程度が低いと考えられます。また、仕事の性質として成果が全体のなかに埋没しやすい、すなわち個々人の成果として明示されにくい職種（チーム志向的仕事）は、個人の貢献、努力が見えにくくなります。このような仕事では、組織での決定のあり方に敏感になると考えられます。そこで、仕事の性質が組織に依存し（専門性が低い）、また成果も個人に還元されにくいものは手続き的公正により強く規定されると予測しました。

被調査者は、民間企業組織（比較的規模の大きい企業）にフルタイムで勤務する者（年齢は平均三二・一歳、勤続年数は三年から一〇年）です。質問紙構成は、①手続き的公正（中立性、信頼性、地位の認識、決定・過程コントロール、一貫性、バイアスの抑制、情報の的確さ、誤りの訂正、決定者の代表性、倫理観などを参考に項目を作成）、②分配的公正（仕事の責任、成果、技能などの貢献とフィードバック、地位の公平性）、③仕事の性質（仕事の独立性と専門性）、④組織コミットメントおよび仕事コミットメント、です。

手続き的公正の下位尺度

調査の結果、手続き的公正として四因子が抽出されました（表2）。第1因子は「権威的公正」で、組織では集団の意思決定権を第三者に委ねる場合が多く、とくに組織が大きくなればその程度は増すため重

表２　組織における手続き的公正要因（本間ら，1998）

	手続き的公正構造（項目内容）
権威的公正	●上層部は，総じて，的確な判断をしていると思う。 ●私の会社は，総じて多くの従業員の意見を汲んで，様々な評価・査定をしていると思う。 ●上司や上層部は，部下に対して公平な見方，扱い方をしていると思う。 ●評価や査定をする立場の人は，評価される立場の人の仕事を十分把握している。 ●既に決定した事柄あるいは評価に対して，それを問いただしたり，クレームをつけることができる。 ●査定に際しては，その根拠があいまいで納得がいかないときがある。(R) ●査定基準は，具体的に明らかにされている。 ●職場では，仕事の成果の評価は，ときとして一貫性に欠けるようだ。(R) ●会社の決定事項・方針について，上からきちんとした説明がある。 ●職場でいざこざがあったとき，上司は中立な立場で話をきいてくれる。 ●何か不当な扱いを受けたとき，会社には自分の立場を説明する機会や制度がある。 ●会社は従業員をそれぞれ１人の人間として扱っていると思う。
過程コントロール	●仕事仲間の協同作業での仕事の取り決めについて，私にはあまり発言権がない。(R) ●仕事の成果・結果に対して，自分の意見を述べることができる。 ●自分の仕事にかかわる機材などの購入にあたっては，発言や意見を述べることができる。 ●自分に関わる問題で，意見を表明する機会がない。(R) ●上司の判断に，ときとして私情が絡むことがある。(R)
情報共有	●上司は，自分の誤りに気づいたとき，速やかに修正する努力をしようとする。 ●新しい職場の規則やルールを作るときは，全員の意見がよく反映されている。 ●職場では，何か決め事をするときは，よく話し合いが行われる。 ●上司の判断がその場その場で変わることがあり，悩まされる。(R) ●会社・職場では，従業員の意見を求め，それらを考慮する。
組織透明	●私の職場は，総じて風通しがよい。 ●私の職場は，自由にものがいえる雰囲気である。 ●仕事の取り決めでは，割合，自分の自由裁量が可能である。 ●自分に課せられた仕事をどのように行うかについて，大抵，私には発言権，あるいは影響力がない。(R)

（R は逆転項目）

要な次元です。第2因子は「過程コントロール」で、意思決定の過程あるいは決定に直接にたずさわることで自分の意思を伝え、または表現することで獲得する公正性です。第3因子は「情報共有」で、情報の提示と関わり、関係する情報、決定に至る過程の情報を明確に提示することです。そして第4因子は「組織透明」で、メンバーに自由裁量があり、また決定過程が見え明らかになる風通しのよさです。過程が開示されることは、それ自体が決定に至る公正性を示すことでもあります。

組織コミットメント、仕事コミットメント関係

組織コミットメントについては、全体的に手続き的公正が有意に規定しました。とくに情報共有、権威的公正は高く、組織にコミットするときは分配公正より手続き的公正に影響されることが明らかになりました。この結果は、これまでの研究を裏づけるものといえます。とくに、「情報共有」は判断に際しての情報の多さ、情報の開示を表しています。しかし、「過程コントロール」の効果は示されませんでした。これは意思決定権が与えられた状況になってはじめてその希求があるためと考えられます。しかし制度として、あるいは立場としてその決定権がないなら、それほど強い規定因ではないかもしれません。今回、年齢構成が比較的若年層だったことも関係するでしょう。自ら決定を

コントロールするより、それに関する情報をできるだけ多く集め、関係者で共有し、そして権威を持った第三者の公正な判断を求める場合が多いのかもしれません。

全体として、組織コミットメントでは手続き的公正、とくに権威的公正と情報共有が強く規定していました。しかし、仕事コミットメントでは手続き的公正との関連は低いものでした。

仕事の性質と公正感

今回、この調査では、仕事の性質として専門性（高・低）、チーム性（チーム志向・独立性）の二要因を取り上げました。

結果は、仕事の性質と手続き的公正の関連は強く、とくに専門性が低く、また個人に還元しにくい仕事（チーム性）である場合、顕著なものとなりました。また、独立性が高い場合、手続き的公正も高いものでした。そして、手続き的公正のなかでも権威的公正（図33）、情報共有（図34）は極めて明確です。組織での仕事はチームワークを必要とする協働作業です。メンバーは組織の目標を達成するためにさまざまな役割に分化し、職務として遂行します。しかし職種によっては、個人の成果が明確でない場合があります。その際、全体の成果を個人に分配する判断では、手続き的公正が重要になると考えられます。また、いつも公平（equity）であることが組織にとって最善というわけではなく、時として平等

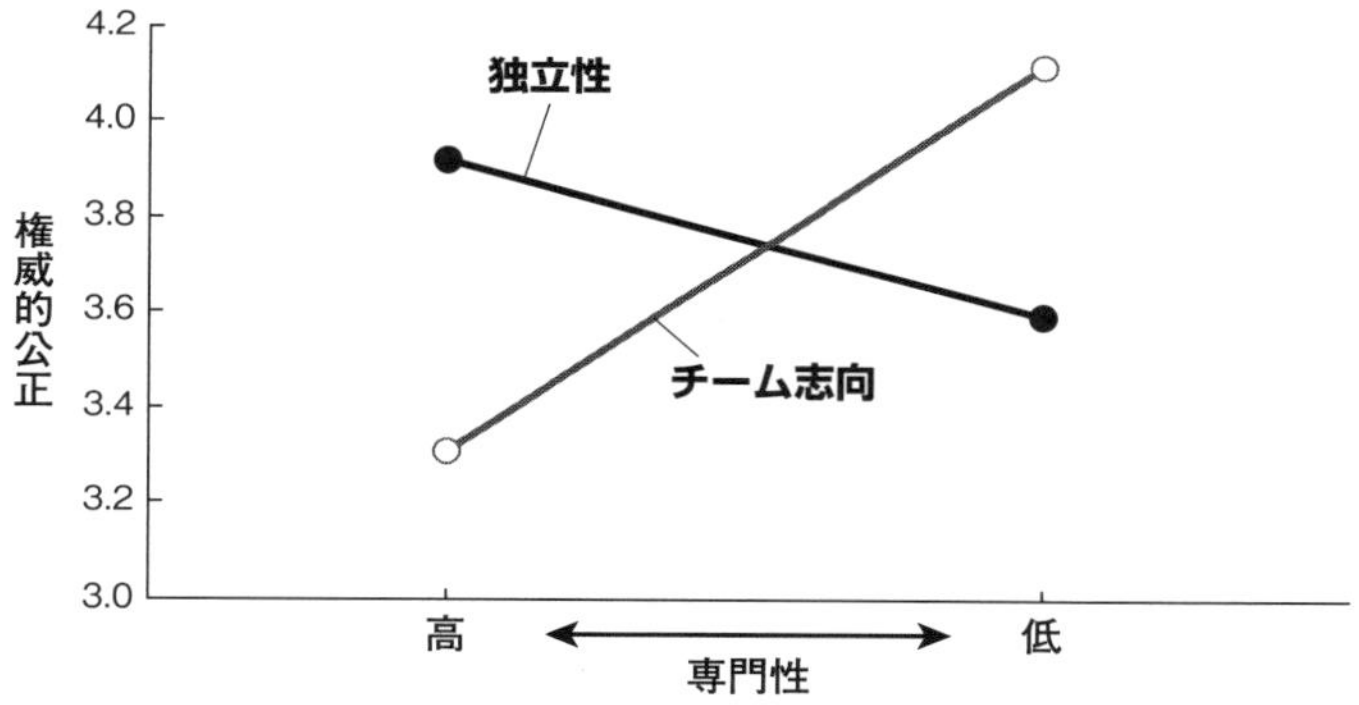

図 33　仕事の性質（専門性，チーム性）における権威的公正の効果
（本間と本多ハワード，1998）

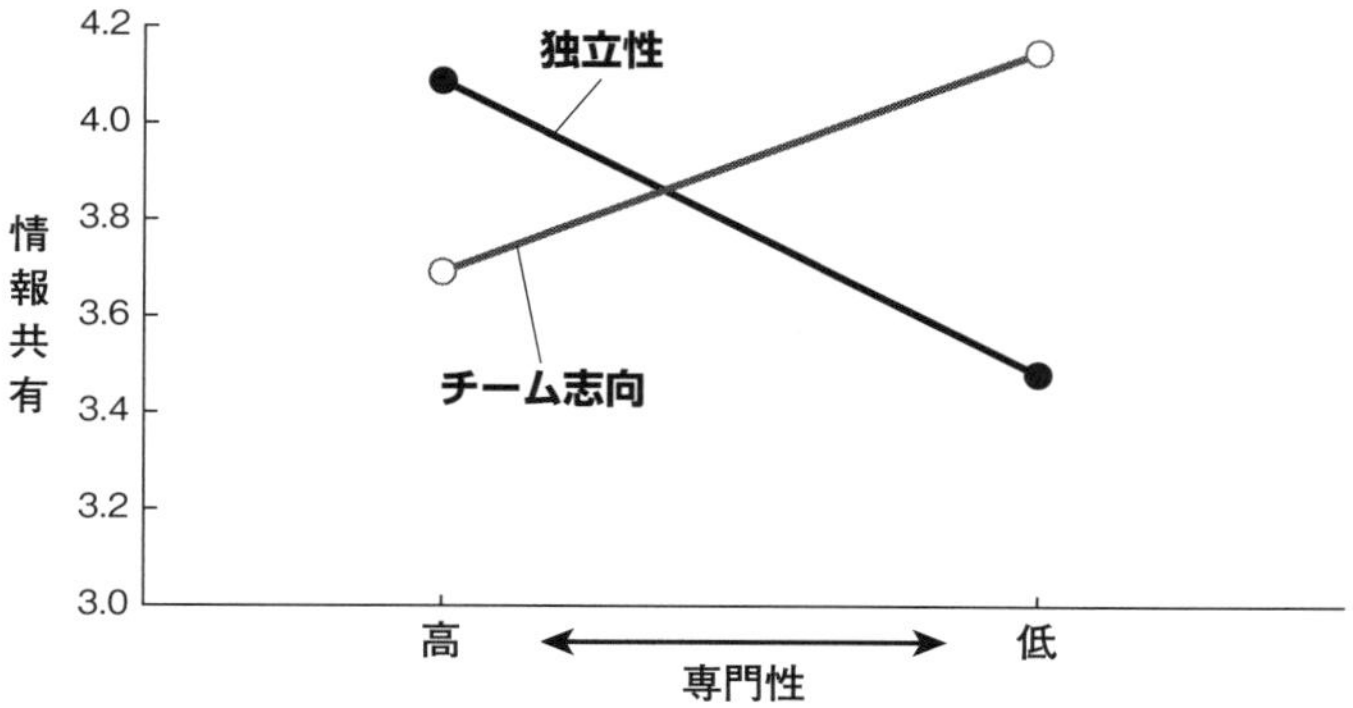

図 34　仕事の性質（専門性，チーム性）における情報共有の効果
（本間と本多ハワード，1998）

性、必要性がそれに先んじるときもあります。しかし、公正とみなされた上位集団（権威的公正）による判断基準であれば、あるいは判断する基準が情報として示されれば（情報共有）、人はその分配を公正とみなし、受容するでしょう。

●集団の意思決定のバイアス

集団成極化——リスキー・シフト

これまでの研究では、集団内の相互の影響過程により集団の意思はメンバーの意見の平均的意見に収斂されていくと考えられてきました。ところが集団による意思決定は、メンバーの総意より極端になることがあり、この現象をリスキー・シフト現象とよびました。一般的に、意思決定では何らかのリスクを伴い、集団の判断は個人の判断と比べ、確率が低く（リスクを伴う）、危険度の高い判断をする傾向にあるというものです。この現象の検証は、ワラックとコーガン（一九六二）が開発した実験パラダイムである選択ジレンマ問題（Choice Dilemma Questionnaire：CDQ）を用いることで急速に進展しました。これは、リスクの伴った事例を提示し、リスクは高いが成功の暁には報酬がよい選択肢（高リスキー）からリスクは少なく報酬も低い選択肢（低リスキー）との間で、友人への助言として判断を求めるという方法で行われます。選択は、まず個人事態で決定し、次に集団事態で決定し、さらに個人事態で判断します。その結果、集団事態では先の個人事態に比べ、よりリスキーになり、さらに個人事態に戻ってもリスクの高い方向に判断が移行しました。その後、多くの検証がなされ、責任の分散説、熟知説、リーダーシップ説などで説明されました。

しかし、その後の検証では必ずしも集団討議の結果、リスキー・シフトばかりが起こるわけではなく、より慎重な判断（コーシャス・シフト）に帰着する場合もあることが見出されています。メイヤーとラム（一九七六）は、個々人の判断より極端な判断に移行することを集団成極化（group polarization）とよびました。個々人の意見の分散が大きいほど集団成極化は生じやすく、また討議課題はリスクを含むものばかりでなく、裁判の判決、政治的態度のような内容でも生じるとしています。なぜ集団討議による意思決定で成極化が生じるのかについては、いくつかの説明が提示されています。

集団成極化——集団の意思決定の両極端化（成極化現象）

①**社会的比較説**……人は、集団経験において他者の意見判断に接触し、ほかの集団メンバ

ーの意見と自分のそれとを比較します。そして、他者の意見判断が以前に想像した以上に自らの意見と類似の方向にあるのを知り、あるいは自分より理想的方向を持っていることを知り、自分の意見をより望ましい方向に修正します。このように、相互に刺激し合うことで全体の判断は集団の持つ価値の方向へ移行します。その背景として、人は集団のメンバーとして自己を他者との比較において表現したいという自己高揚欲求、あるいは自己提示欲求がありますが、この説はこのような動機面を強調したものです。

②説得的論議説……集団の個々人の集められた反応分布では、支配的な意見の集まりが妥当性を持ち、それが説得性を持つことでさらにその多数意見の方向へ移行します。支配的意見の持ち主は自分たちの意見の妥当性が高いために他者に対して説得力を持ち、少数者もそこに妥当性を認め支配的意見に移行します。その結果、はじめの平均的な意見は支配的な意見に収斂されます。

情報を分かち持つことで、集団の判断の妥当性を求めて結果的に極端な意見となります。個人の選好の分布が相対的に優勢であった傾向が集団の分布においてより優勢になり、相対的に劣勢であった傾向がより劣勢になります。支配的分布がリスキーならよりリスキーに、コーシャスならよりコーシャスになり、説得性に富む論拠や情報を受け入れようとする認知的傾向といえます。

③準拠情報説……マッキー（一九八六）は、集団成極化は社会的アイデンティティの影響

により生じるとしました。自己と他者が異なった集団に属していると知覚し認識すると、自らの集団をほかの集団と弁別するために自分の集団を定義づけ（集団同一化）、集団には集団としての代表的行動、態度、規範が確かめられます。集団の態度に自己を帰属させることで、自己の態度をより集団の典型的態度や行動に同調させ収斂させていくというものです。一般に、この典型性はメタコントラストで測られます。この説によれば、必ずしも集団成極化するわけではなく、集団の典型性がどの程度にあるかによります。

そのほか、デーヴィスが提唱した決定方式の多数決が集団成極化に導きやすいことを亀田（一九九七）が、イギリスの小選挙区制度を事例として説明しています。わが国でも似たような現象が起きています。小選挙区では一名の代表者が選ばれます。極端な例で二人の候補者の場合、A党の候補者四九％対B党の候補者五一％では、B党の候補者五一％が当選で、どの地域も同じ得票率であれば、有権者の意思（個人選好の分布）のレベルでは、相対的な優勢にすぎなかったものが、集団全体の意思としては圧倒的な差でB党となります。A党は劣勢になり、まさに地滑り現象となります。

共有情報のバイアス——隠されたプロファイル

集団討議による意思決定が、個々人の決定より望ましいとされるのは、集団参加メンバーがそれぞれ独自の情報を持ち寄り、それを集合、交換、共有し、さらに討議のなかで吟味・精緻化され、それらの情報群からもっとも望ましい（真なる）決定がもたらされることを期待するからです。つまり、多くのそして多様な情報の集積・交換によって決定に導かれたものは、個別の思考による決定より望ましいと考えるからといえます。そこで、討議に当たっては多様なバックグラウンド、経験を持った異質な構成員がいることが効果的といわれています。

しかしながら、しばしば集団による意思決定は、メンバー全員の情報を精査した結果に至らず、むしろ各メンバーの討議以前の決定傾向（つまり個別の決定）に導かれることがあります。この現象を指摘したのはステイサーら（一九八五、一九八九）です。彼らは、この真なる決定、すなわち、各メンバーの所有する情報をすべて考慮するなら決定されるはずの結果に至らないことを「隠されたプロファイル（Hidden Profile：HP）」とよびました。彼らは、それらの前提として、三つの条件をあげています。まず、①各メンバーは、個人レベルでは真なる決定に関する情報を部分的にしか持っていないため、判断の傾向（選好）はあるものの、それが真なる決定であるかどうかは明確ではありません。しかし、②メンバーすべての情報を共有することで真なる決定に導かれますが、各メンバーは他者との間で相互に共有する情報に注目し、それらの情報が討議の場で言及され、さらに想起されやすくなります。その一方で、③個別に持つ情報あるいは独自に持つ情報は、討議の場で活性化されにくく、結局のところ、互いに共有している情報のみで結論に至り、そのため真なる決定を見出しにくくなる、というものです。

このように、集団討議では各メンバーが所有する情報が何らかの原因で開示、精査、言及を拒ませ、あるいは想起が抑止されることが起こります。そして結果的に、決定に際して偏った情報群から選択され、集団意思決定の合意に至る現象を指しています。

集合的情報サンプリングモデル

この現象を明らかにするモデルとして、集合的情報サンプリングモデル（Collective Information Sampling：CIS）が提唱されています（ウィッテンバウム 一九九八）。CISでは、メンバー全員の所有する情報を網羅して検討・討議するのではなく、特定の情報を抽出して、それらを中心にして討議し結論に導くというものです。この特定の情報とは討議前の各個人の選好・判断傾向、目立つ情報、共有した情報量、突出した情報などです。

このような現象について、メンバー一人ひとりの初期情報すなわち個別の情報のなかから共有する情報がより多く共有され、さらには選好の方向が一致していれば、初期情報の合意が容易になると仮定した検討から始められました。メンバー間で共有した情報

（shared information、内容の一致、同一傾向など）であれば、それは討議の場で相互に言及され、他者の同意や共感を得やすく、すでにある認知的スキームに導入されやすいものとなります。そして、共有情報に関する言及の頻度つまり繰返し出現することが多いことがわかりました。

それに対して個別情報のなかの、非共有情報（unshared information）が討議の場で言及されにくいのは、各メンバーの初期の選好が討議の場で異なる場合、発言を控え、考慮されにくくなるからです。このことにより非共有情報は他メンバーからの注目を得にくくさせてしまうからです。

課題要求による情報共有の相違

このＨＰ現象では課題要求に依存することを示した研究があります。ステイサーとステュアート（一九九二）は、正解がある「問題解決課題」より、メンバーの意向・意思を反映した「判断を求める課題」において、よりＨＰが生じやすいことを明らかにしています。問題解決課題のように「真なる解」がある場合、できるだけ情報を集めて、正解に達しようとするでしょう。しかし「判断」を求められている場合、合意に重点を置き、まず自分自身の判断（初期値）があって、さらにほかのメンバーとの一致を示すべく判断を求めます。つまり、合意に達することを優先します。このことは、共有情報の手がかりが討議される主体となり、非共有情報は無視されやすくします。また、判断が固まればそれ以上の情報収集はしないでしょう。彼らは、同じ課題内容（殺人の容疑として三人の犯罪の証拠と無罪の証拠の手がかり情報）から、メンバー間で共有情報と非共有情報を操作することで実験を行いました。集団構成は三人と六人です。共有条件では、全員同じ情報を得ます。一方、非共有情報条件は各メンバーそれぞれ独自に異なった情報を得ます。しかし両条件とも、メンバー全員の情報を合わせれば、真の犯人に到達できます。まず、個人事態で実験参加者は、別々に自分に与えられた情報だけで判断し正答を出します。その後、メンバー各自の情報を提示し、集団事態で討議し集団の意思を決定します。図35は個人事態と集団事態、情報の共有条件と非共有条件の正答率です。図からわかるように、全体として問題解決課題に比べて判断を求める課題で正答率は低い結果になりました。また集団事態で正答率は高くなりましたが、そのなかでは判断を求める課題、とくに非共有情報条件で正答率が低く、個人事態と集団事態の差異はありません。さらに、集団サイズに着目すると、共有条件では六人で正答は高くなりましたが、非共有条件で低下しました。また、討議の発話分析でも六人集団の問題解決課題では正答率が高く、判断課題では低くなりました。この結果から彼らは、情報に注目するか、集団の一致に注目するかで情報のサンプリングは異なり、

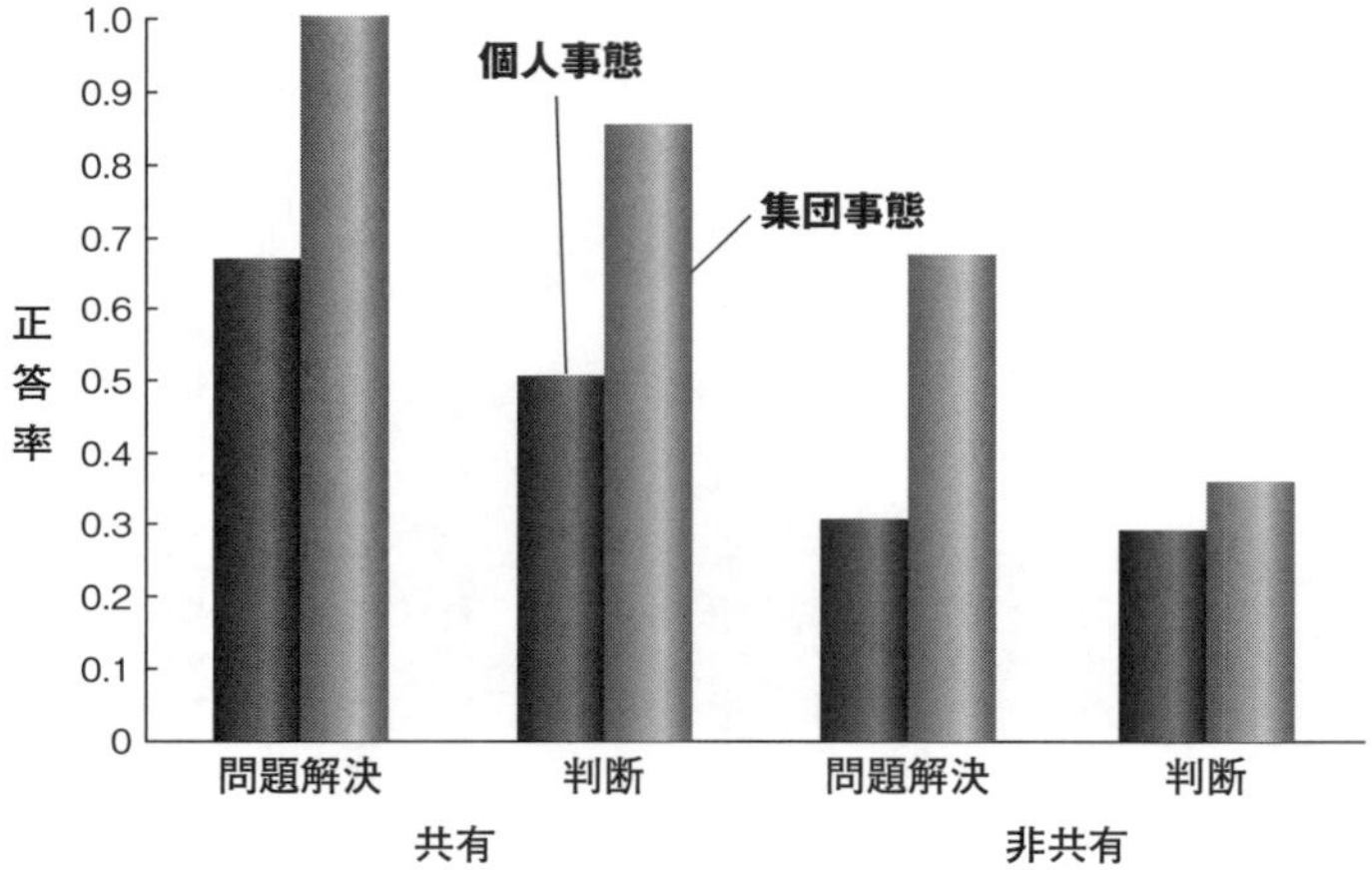

図 35　課題要求の違いによる討議前の選好（個人事態）と討議後（集団事態）の正答率（ステイサーとステュアート，1992）

判断課題では初期値における個人の動向と共有情報が討議の場に乗せられ、結果的にＨＰが生じやすいと結論しました。一般に会議などでは「真なる解」を求めるより、「判断」を求めるほうが多いでしょう。そうすると、合意を形成するための情報に注目し、ＨＰは生じやすくなるといえそうです。

社会的妥当性を求めて　情報を共有するということは、メンバー間で情報を相互に確認し合い、そこからもっとも適切な合意をもたらすことです。

そこで、メンバー間でそれぞれの個人の選好が一致するとそれだけで確信的になり、さらにその選好は強化されると考えられます。各メンバーの個別情報の選好が同方向（一致条件）にあれば、その程度はより促進されるでしょう。その傾向を促進する情報は討議の場面で出現し、さらにはそれを強化する新たな情報が創出されるかもしれません。一方では、他者と異なる意見・発言は討議の場では出しにくくなり、結果的に非共有情報は言及されないと考えられます。このような、確かさを求めること、つまり社会的妥当性がHPを生起させる原因と考えるなら、初期情報からの選好が一致する程度が討議場面に影響を及ぼすと予測されます。

本間ら（二〇〇四）は、これを検証するために、三つの情報条件を操作した実験を行いました。その条件とは、共有条件と非共有条件で、この非共有条件は一致条件と不一致条件に分けました。非共有一致条件では、見かけ上の解決はメンバー間で一致しています。共有情報は非共有情報に比べ繰返し討議の場に登場することで強化につながり、それにより情報を相互に確認することとなり、妥当性を高め、さらに促進されます。これに対して非共有不一致条件では、見かけ上の解決がメンバー間で一致しない条件です。不一致であることは、解決に向けてより情報を集め、異質な情報でも討議の場で検討されるでしょう。そのことでHPは低下し正解が導かれると予測されます。そこで初期の選好がメンバー間で不一致であれば、非共有一致条件よりHPは低下すると仮定しました。

さらに、集団決定に至るコミュニケーション・モードとして、通常の討議の場面で見られるような直接音声を通した会話による対面集団（Face To Face group：FTF）と、コンピュータを介在させ、端末のキーボードを操作することで文字情報を送り、それによって討議するコンピュータ媒介集団（Computer-Mediated Communication group：CMC）を対応させました。一般に、討議あるいは会議の場の発言は時系列に沿って流れていきます。メンバーは討議の流れのなかで情報を取捨選択し、個別の決定を行い、集団の判断への手がかりとするでしょう。そこでは情報のやり取りは選択的になっていくでしょう。しかし、情報がフィードバックされ精査が可能なら、出現回数の多い共有情報も少ない非共有情報も同じように検索できるでしょう。そうであれば、このような現象は低下すると考えられます。討議の場でのHPは、一過性のFTFよりCMCで低下することが予測されます。

実験参加者は三人一組の集団で、実験デザインはコミュニケーション・モードと情報分配（共有・非共有一致・非共有不一致）で、課題は人事選抜で三候補者から、もっとも適切な者（真なる解）を選ぶことです。ここでの情報はポジティブ・アイテム、ネガティブ・アイテム、中性アイテムの三種を含んでいて、相対的にポジティブ・アイテムが多く、ネガティブ・アイテムが少ない者が真なる解となるようにしました。情報は集団で各メン

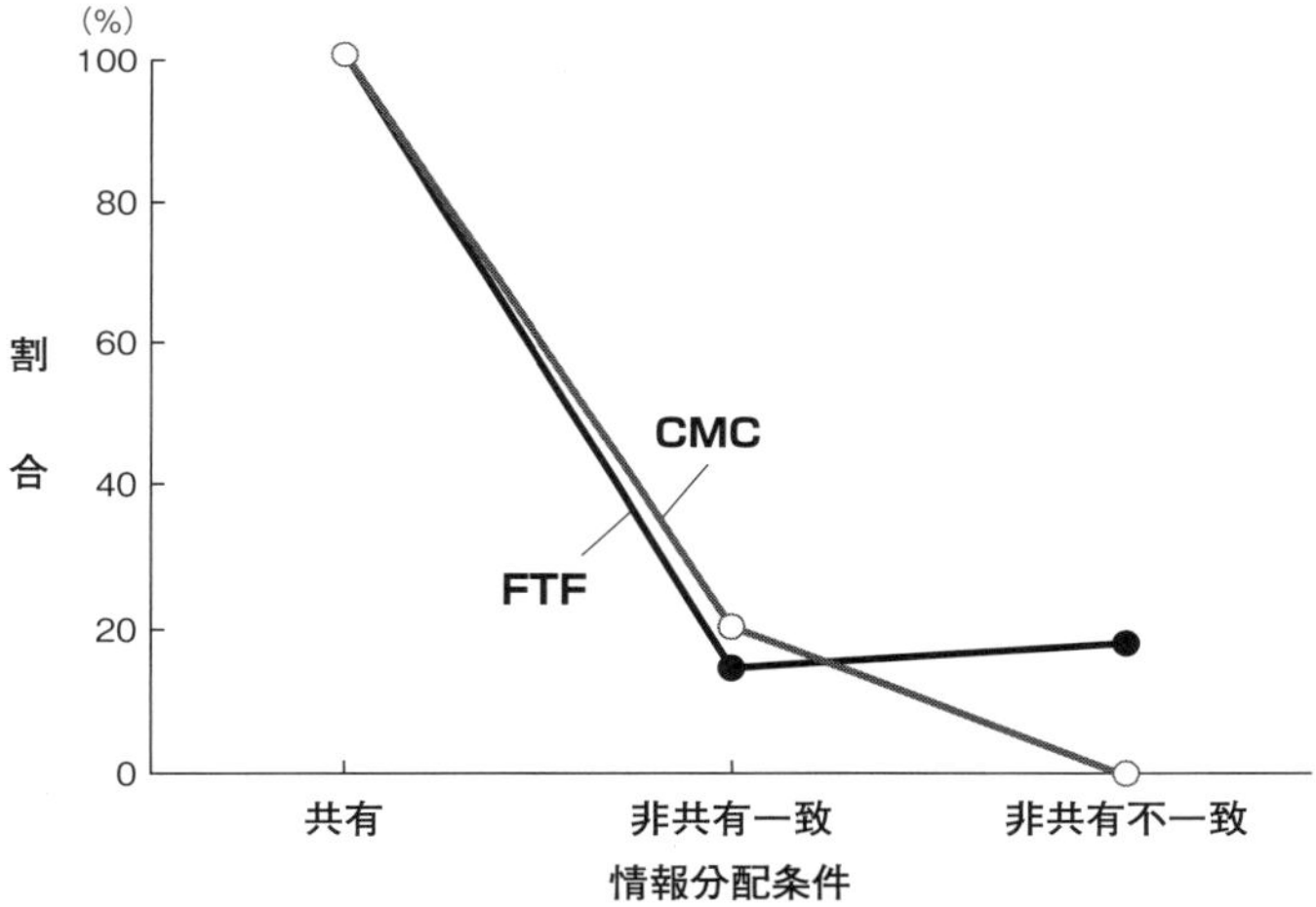

図 36　集団意思決定における正答率（本間ら，2004）

バー個別のアイテムだけで決定すれば、見せかけ上の決定ですが、メンバーの情報の集積によって真なる解に至るものです。モード操作では、対面集団（FTF）は通常の会話形式の討議で、非対面集団（CMC）はサーバーを通して各メンバーが端末から情報を交換し、討議します。

結果では、図36のように、非共有条件ではHPが明らかになりました。しかしコミュニケーション・モードの差異はなく、全体として正答率は低いものでした。討議前の個人の選好があ

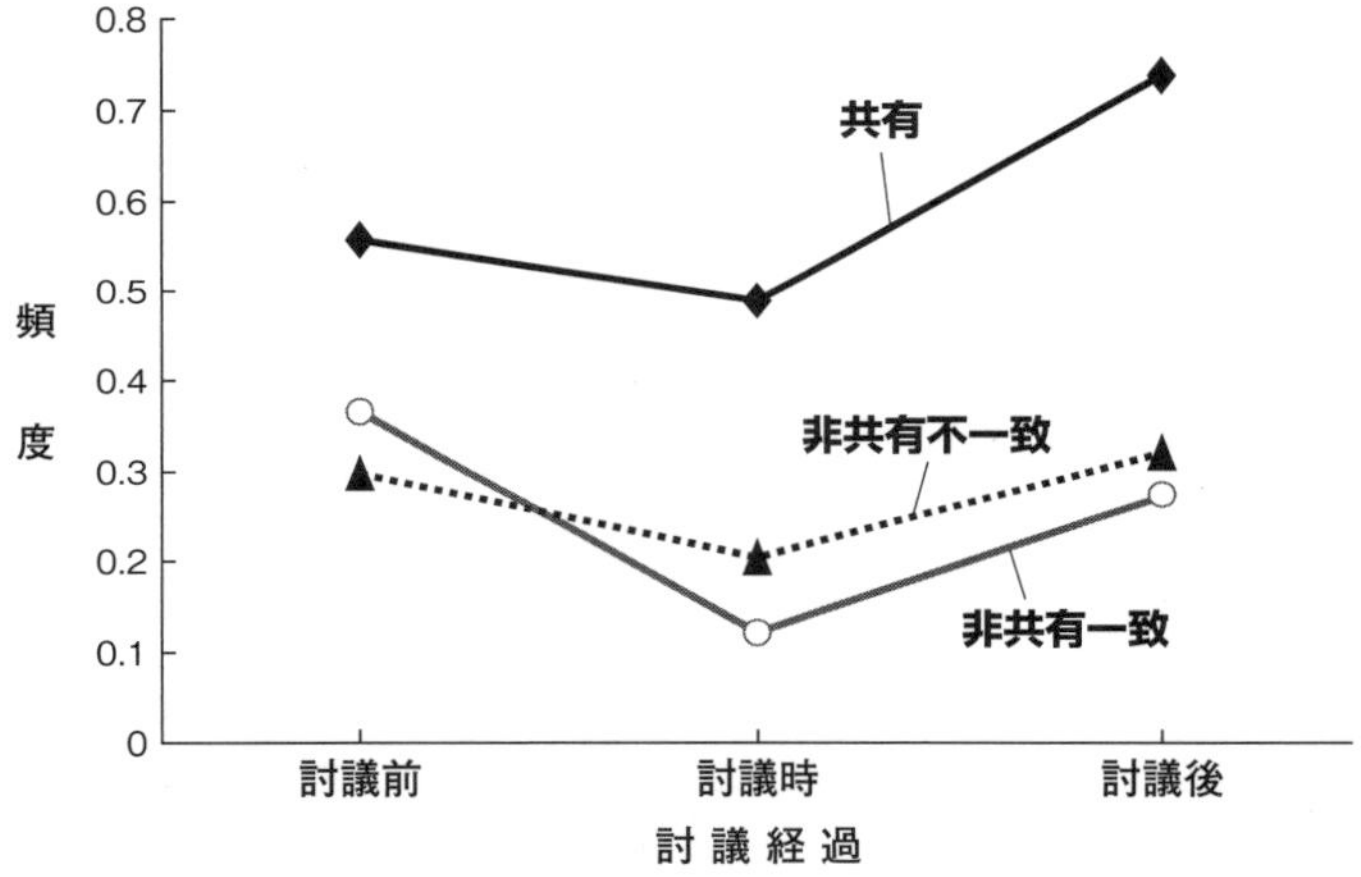

図 37　正解への情報想起 / 言及頻度（FTF）（本間ら，2004）

との討議過程の情報の共有を規定し、独自のあるいは個別の情報は共有されにくくその結果、集団の決定に影響を及ぼすことが明らかになりました。集団決定においては、非共有条件では真なる解は低く、また見せかけ上の解決も高くなりました。これは討議で個別に持つ情報を提示するより、共有した選好情報を討議の場でプールしたことによります。さらに非共有一致条件と非共有不一致条件では、非共有一致条件においてより真なる解が選択されにくいと仮定しましたが、結果ではＦＴＦにおいてだけその傾向が示されました。また、集団決定のほかに情報の想起、あるいは会話のなかでの言及頻度から、討議時の情報の交換、討議後の内容が明らかにされました（図37）。討議後の確信度では、共有条件と非共有一致条件間では有意な差はなく、非共有不一致条件と共有条件間には有意差がありました。このことは非共有不一致条件では判断に迷い、明確な自信を持って決定したのではなく、妥当性の根拠を得るほどまでには至らなかったことを示しています。

今回、コミュニケーション・モードの差異による真なる解はFTFよりCMCで高くなるという仮説は実証されませんでした。討議の時間が二〇分と限定されたなかで、十分な情報検索がなされなかったこと（とくに非共有不一致条件で）、また日常では、CMCのような討議には慣れていないためコミュニケーションがスムーズに運ばなかったことが考えられます。

●集団決定の落とし穴——集団浅慮

集団としての意思・合意を形成する際、集団ではいつも望ましい決定がなされるわけではなく、しばしば誤った判断、質的に劣った判断・決定に導かれることがあります。このような現象をジャニス（一九八二、一九八九）は集団浅慮（group think）とよびました。

彼は、それがしばしば優れた人物の集まりで生じることに気づき、その理由を探ることが研究の端緒でした。彼は、国の政策決定などいくつかの事例研究から、結果的に誤った決定に導いた事例を検証して、この集団浅慮に陥った討議場面では、いくつかの特徴的な徴候が見出せるとしました。その後の研究から浅慮に陥った会議の内容やその原因もわかってきました。

徴候と原因

集団浅慮に陥ると討議はどのような徴候を示すのでしょうか。それには集団の過大評価（不敗の幻想、内集団の道徳的信念）、閉鎖的心性（外集団へのステレオタイプ化、集合合理化）、斉一性への圧力（全員一致志向、見張り番の出現、自己検閲）などといったものがあります。また、このような現象を生起させる原因として、高い凝集性、支配的リーダーシップの存在、集団の孤立化、外部からの情報の排除、情報の収集と精査の制限、外部からの脅威などが見出されました。そのような集団の意思決定はしばしば誤った、質的に低下したものに導かれるとしました。図38は、フォーサイス（二〇〇六）のモデルを参考にしたものです。

しかし、現象の徴候、原因などはわかってきましたが、その因果性の説明は必ずしも一貫したものではありません（エッサー 一九九八、ターナーとプラトカニス 一九九八）。

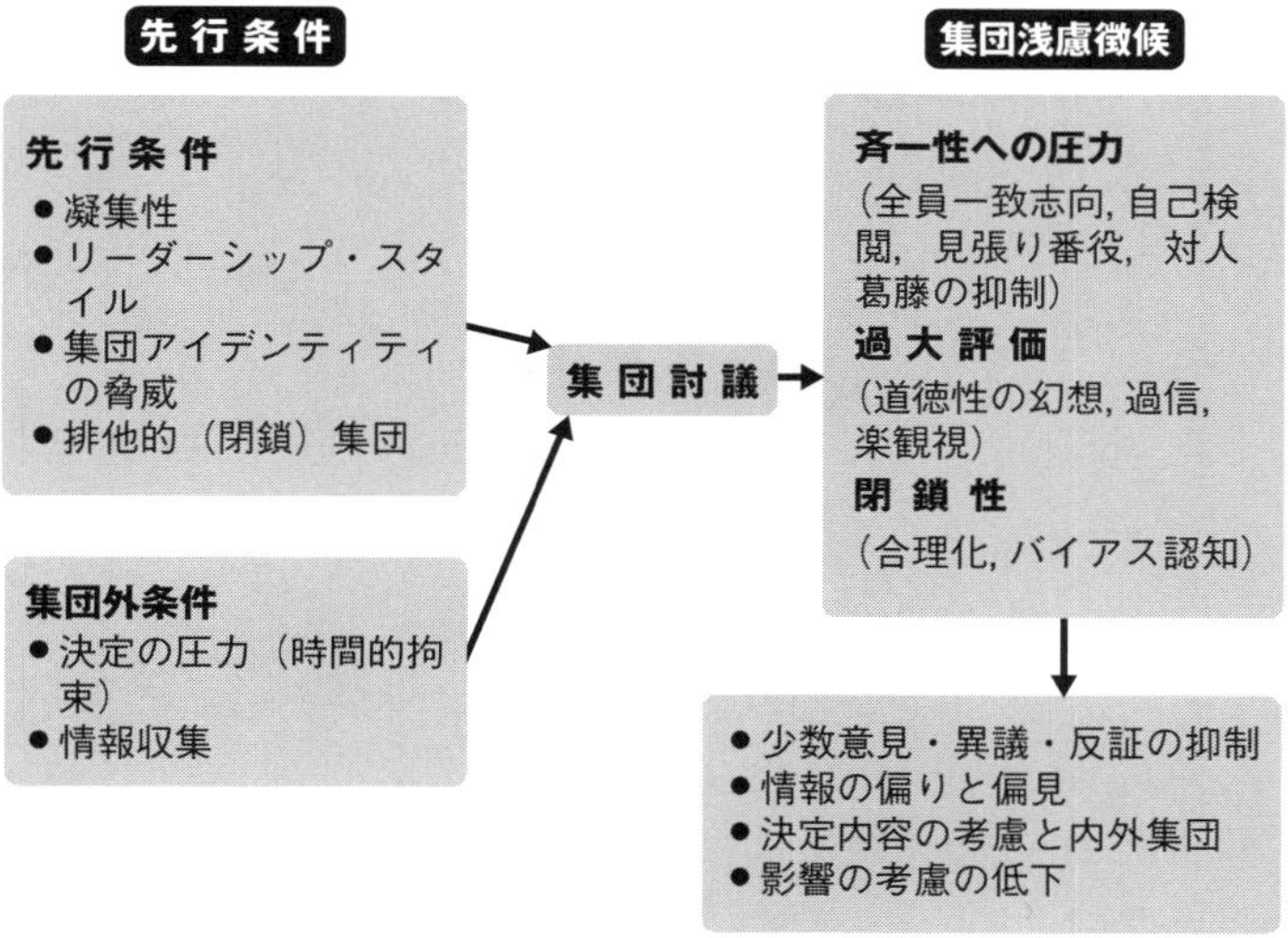

図 38　集団浅慮のプロセス（フォーサイス，2006 を修正）

この問題の実証が困難なのは、質の特定化や結果の誤りの特定化が難しいためと考えられます。とはいえ、失敗を事例とし、その原因を探る方法がとられることも多く、たとえば、一九八六年のアメリカスペースシャトルの墜落事故の検証は、証言も多く説得力があります。その一月、アメリカのNASAから打ち上げたスペースシャトル・チャレンジャー号が「悪天候の情報は入っていた」にもかかわらず、打ち上げの決定をし、発射直後、爆発し七名の宇宙飛行士が死亡しました。モアヘッドら（一九九一）は、NASAの発射決定をした集団からのインタビュー、当時の状況や情報の内容分析をした結果から、集団意思決定の欠陥として、少ない代替肢しかなかった（発射か否か）、負の情報の検証がなかった、外部の専門家の意見を聞かなかった、自分たちにとって不利な情報を拒否したなど、決定に際しての情報の偏りと閉鎖性を見出しました。そして結論として、発射決定を決定的にした要因として、時間の切迫性と会議の議論を先導したリーダーシップをあげました。

集団が脅威にさらされている場合

この集団浅慮は頻繁に生じるものではなく、集団状況がたとえ同じであっても、その生起を促すには先行条件となるものがあるとの指摘があります。この点についてはターナーら（一九九二）による社会的アイデンティティ理論を土台にしたモデル（social identity maintenance model of group think）が参考になります。彼らは、メンバーが集団をどのように認識しているか（内集団のポジティブイメージの維持、集団同一性）、さらにそれが脅威にさらされると認識した（集合脅威）ときに集団浅慮が生じやすいと仮定しました。つまり、集団に属するメンバーにとって、集団のポジティブイメージの維持に何らかの脅威が生じたとき、その結果として集団の同一性に脅威が及ぶことを恐れ、それを回避しようとして行う意思決定であるとしました。その上で、集団の条件としてジャニスの指摘した支配的リーダーシップ、集団凝集性、情報の探索と評価の制限などの要因が影響するとしています。

何が判断を誤らせたか

このモデルを適用して、本間ら（二〇〇六）は、ある企業組織の逸脱行為の決定（工事ミスの隠蔽工作の決定）の事例分析から、集団を誤った判断に向かわせた要因を明らかにしました。この事例では、集合脅威は集合効果（組織目標である企業の評判と利益）が脅かされるというものです。そこで、集団意思決定で誤った判断に至るプロセスに関わったメンバーのインタビューを通して検討しました。直接逸脱行為に関わった従業員は三名で、この決定に関わったメンバーは測量ミスをした者、直接の上司（現場所長）、その作業現場の責任者（現場統括者）です。隠蔽はこのチームの合議の上で決定されました。

本研究の目的を達成するために、面接による聞き取り調査を中心として、その他事例に関わる新聞報道、当組織関係者の聞き取りを参考にしました。当事者への質問内容は、当事例の経過と直接原因、現場チームの話し合った内容、社員としての行為と結果、会社の状況と当事例の発生との関係、再発防止への手がかりなどです。被面接者は直接関わった現場統括者、現場担当者の上司に当たる責任者（現場所長）です。集団決定としての集合理化に至ったプロセスは図39に示しました。

組織への脅威（集合脅威）

今回の問題の直接の原因に、工期の厳守という規範がありました。そして、それが「頭が一杯になるほど」強い強制力を持っていたのです。工期の厳守が建設業界、この企業のもっとも強い目標であり、また職務上重要な役務です。ミスを公表することは、この組織にとってもっとも重要な組織目標である集合効果を損なうという危機意識があり、それを阻止する決定をしたのです。当時の社会状況の厳しさ、競争の激しさ、受注の減少など内外からの組織目標への圧力がさらに関係したことでしょう。またこの企業は地域に密着して代々親子が社員として働き、家族的組織を標榜していたことから、集団へのコミットメントは強いものでした。

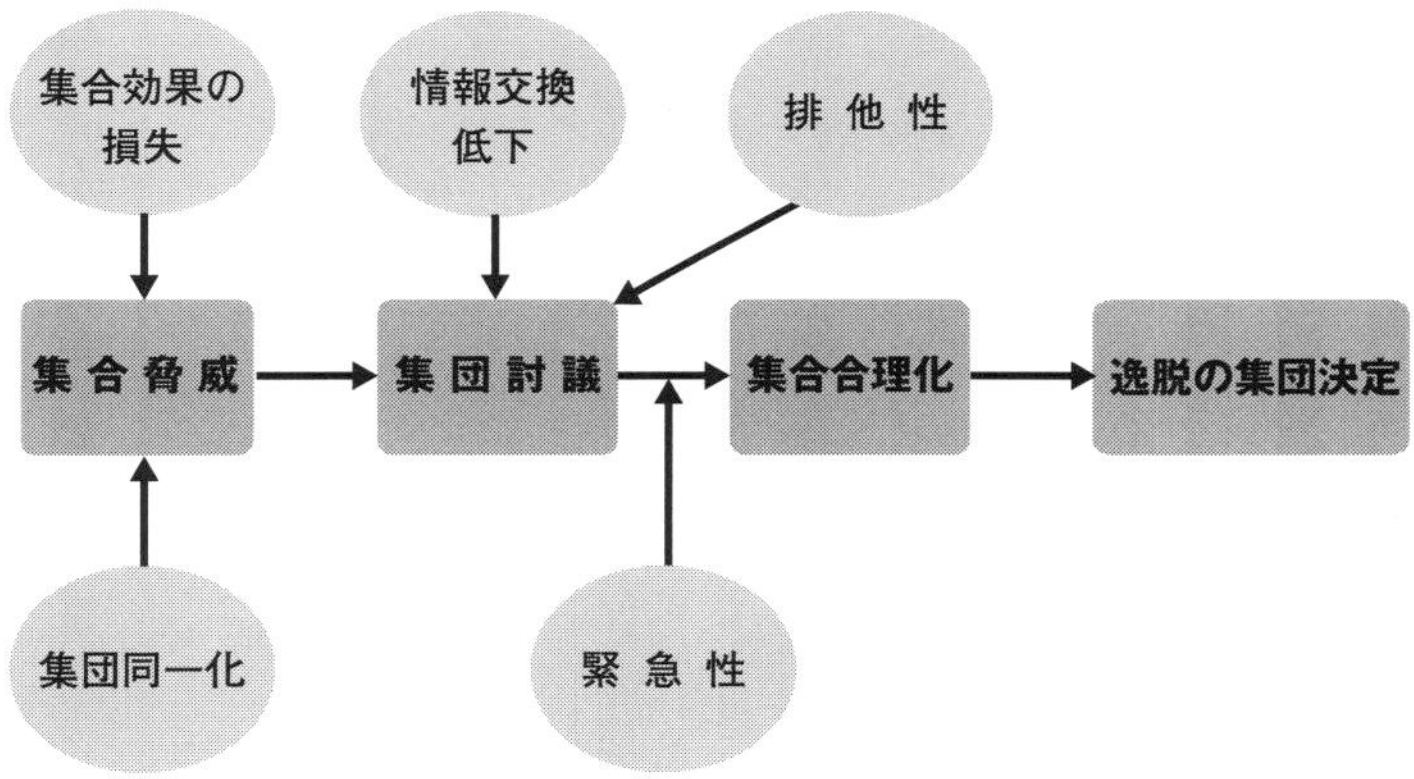

図 39　集団討議による逸脱判断過程（本間ら，2007）

情報交換の低下、排他性、そして緊急性

面接から明らかになったことは、問題が発生しても現場から上層部に伝わらない、伝えないという情報交換の少なさです。組織体系として、直属の上層部に相談、報告するシステムが存在していたものの、日常の作業では現場の判断は現場に任せ、またどのような問題を上にあげるかも現場の判断に任せていたのです。今回、現場とその上層部の伝達系統、指示系統が活かされなかったのです。その理由としては、現場の専門性・排他性が考えられます。現場に任せることは、現場の主体性とプロ意識を高めることでもあり、同時に外部からの介入を拒否することでもあります。そのことがコミュニケーション不足と相互の認識のズレを生み、情報交換の不足を生じさせ、結果的に、内部の情報のみに依存し、現場だけの閉ざされた小さな集団での意思決定となったのです。ジャニス（一九八二）は、このような誤った決定がなされやすい集団の先行条件の一つとして、「孤立化した集団」を仮定しています。集団が閉じられたなかで「工期の厳守」という規範が優先されました。実はそれ以外の情報、つまり隠蔽することによる弊害情報、あるいは隠蔽しないことによるプラスの情報がそれぞれのメンバーのなかでは個別情報としてありました。しかし、それらは共有情報として討議の場で考慮されなかったのです。

あと一つ、状況要因として重要なことは緊急性です。時間の切迫感は集団を誤った判断

に導きやすく、「早く何とかしたい」「一刻も早く方向性を見出したい」という欲求（need for cognitive closure）のために情報を十分に精査しないまま結論を急がせることとなり、短絡的判断をしやすくさせます。本事例でも、工期厳守のため一刻も早い決断を迫られていました。このような切迫感が情報を十分考慮しないまま結果的に誤った判断をさせ、それに異議を唱えるメンバーに対して圧力をかけるといったことを、生じさせたと推測されます。

結果の重大性の認識の低下と外集団認識の低下（集合合理化）

集団決定を誤った判断に導いた要因として、結果の重大性の認識があります。被面接者の多くは今回の問題が発生した原因を、「状況をとらえる認識の甘さ」としていました。状況を的確にとらえるとは、この事態の重大さを認識すること（工事ミスをすれば地震などで崩壊する恐れがあるなど）と、外部への悪影響の認識を持つことです。ミスの隠蔽を決定した現場担当者らは、こうした状況を過小評価していたことになります。外部への悪影響も過小評価し、別の決定（工事ミスを公表して工事をやり直す）をした場合のマイナスの効果が、組織の目標（集合効果）にとって脅威であるという認識になりました。判断が内向きになり、外部への洞察が欠けてしまったといえるでしょう。この事例では、外部は社会一般ばかりでなく、自分たちのチームの外、つまりほかの部署も含まれていたかもしれません。このように、結果の重大性に対する認識が低下し、外の世界に与える影響の重大さの認識が足りなかったことで、排他的・閉鎖的な集団構成がこのような行為に導いたといえるでしょう。内集団にとって都合のよい解釈に基づいた決定が支配し、判断が短絡的になることを、ジャニスは集合理化（collective rationalization）で説明しています。

防止策

このような集団浅慮を防ぐ方法として、会議のあり方を変えることがあげられます。

そのための発想の一つは、浅慮に陥らないために多様な情報を集めることですが、それはまた集団内に多様な意見が存在するのを認めることで、対人葛藤の原因にもなります。これを避けるために、反対意見を持つメンバーを役割としてあらかじめ決めておくという手法があります。いわばデビル役です。このような役割を置くのがデビル審理法（ワイズバンド 一九九二）です。あるいは蜂屋（一九九九）による反対の立場から、問い直し、決定するという仮想敵からの攻撃手法があります。集団討議である程度の原案ができたとき、自分たちの集団と対立する仮想のライバル集団の立場から先の原案に対して批判や攻撃を加え、原案を多面的にとらえ、マイナス、欠陥部分を見出して、より望ましい決定に導くというものです。このように防止策として、対人葛藤をコントロールしたり、多様な情報・意見を討議の場で共有することで、偏った判断をコントロールすることができるとします。

6・集団間関係

●集団間関係とネガティブ関係

集団間関係とは

これまで集団行動については、集団内のダイナミックな行動を中心に述べてきました。あと一つ、重要な集団行動として、集団メンバーとして社会に対する、あるいは特定の集団に対する関係があります。これまでも、その関係を内集団対外集団としてとらえてきました。このように集団の一員として、それ以外の集団に属するメンバーたちの関係をここでは集団間関係とします。しかし、集団内関係と集団間関係は密接に関連し、両者は相互に影響を及ぼし合っています。

社会科学者たちは、個人間の関係（つまり対人関係）では、その関係が中立的であったり、友好的であったり、葛藤的であったりと多様な関係を扱うのに対して、集団間関係では偏見、争い、軋轢、葛藤などネガティブなものに注目してきました。その点については社会心理学者も同様です。それは現実の世界で、戦争を筆頭に、集団間の相互関係の多くが困難な状況を呈しているからかもしれません。現在もまた、国家間・民族間関係の摩擦・軋轢、企業間の競争・合併・買収、市町村の合併・統合、家族集団（ステップファミリー）など、さまざまな集団間関係の問題は増大しているように見えます。だからこそ、そもそもネガティブな集団間関係はなぜ生じるのか、その心的過程はいかなるものなのか、そして集団間はどのようなプロセスを経て友好関係、融合を構築するのか、といった問題の理解と対処が重要となっています。

現実的集団の葛藤

ネガティブな集団間関係の理論構築に大きな影響を及ぼしたのは、キャンベル（一九六五）による現実的集団葛藤理論（realistic group conflict theory）でしょう。彼は、集団間において軋轢や葛藤が生じやすいのは、乏しい資源（食物、土地、権力、富、エネルギーなど）をめぐって避けられない競争が生じる場合であるとしました。この基本的仮説は、集団間の態度・行動が相互の集団の利害を反映したものになるということです。利害が両立不能となれば、一方の集団の成果、利益が他方の集団の損失、不利益になります。そのような関係にある集団に対して敵対的、ネガティブな反応を示すため集団間の葛藤となるというものです。しかしこの理論では、もし利害が両立不能でなければ、必ずしも葛藤関係にはならないということも示唆しています。

サマーキャンプのフィールド実験

このような集団間関係の葛藤を実証し、現在でもこの理論を裏づける強い支持を与えている研究として、シェリフら（一九六一、一九六六）によるサマーキャンプ研究とよばれるものがあります。アメリカでは一般的な小・中学生を対象に民間などが主催する夏のキャンプ生活をフィールドにした現場実験です。一九五四年、一一歳のアメリカ東部のごく普通（あらかじめ少年たちの性格、知能、生活歴、家庭環境などを調査）の少年たち（二二人）が実験の参加者となりました。

実験は三つのステージに分かれます。

【第1ステージ——集団構成とメンバーシップ性】

はじめの一週間は、グループのメンバーシップ性の強化と集団化を行いました。まず、彼らを一一人の二つの集団に分けました。当初、参加者は別の同様な集団があることを知らされませんでした。二つの集団は、別々に、自分たちのグループに名前（ガラガラヘビグループとワシグループ）をつけることから始め、ハイキング、水泳など通常通りのキャンプ生活を過ごしました。それぞれの集団では、メンバーは集団志向行動を見せ、集団内に一定のルールや規範が発生しました。また、メンバー間の関係では役割の分化（リーダーとフォロワーの関係）ができ、集団内に対人関係、役割関係が生まれ、そして集団全体の凝集性も高まりました。

【第2ステージ——集団間葛藤へ】

二週め、それぞれの集団は、自分たちと同様の集団があることを知らされ、集団間で接触する機会が与えられました。それにより、さらに集団内の一体感が高まり、外集団への不安感が生まれました。それぞれの集団には実験者から相手集団とのトーナメントが提案されました（これは少年にとっても望むべく行動）。トーナメントは、野球、綱引き、宝探しなどが行われ、優勝したグループには少年たちが楽しみにしている賞品が与えられます。しかし、負けたグループには賞品はありません。試合結果はワシグループが負けました。その後、ワシグループは相手のガラガラヘビグループの旗を盗み破り捨てると、ガラガラヘビグループはその仕返しにワシグループのテントに押し入り蚊をまき散らすなど、両集団は集団間の葛藤を増大させ、敵意を高め憎しみ合うようになりました。二週めの終わりには、ソシオメトリックテストを行ったところ、少年たちは内集団メンバーの選択が高まり連帯感も強まり、そして、外集団への敵対的意識が高まりました。

【第3ステージ――集団統合として上位目標の設定】

集団間の軋轢が増大するなかで、実験者は新たな集団間状況を設定しました。それは、両集団にとって共通の上位目標（superordinate goal）の設定です。この上位目標とは、相対立する二つの集団の協力があってはじめて達成可能であり、また両集団にとって必要にして重要な目標です。ここでは飲料水のタンクが故障したため、トラックで水を運ぶ必要が生じたけれど、途中でトラックがぬかるみにはまり、引き上げるためには両集団のメンバーの協力が必要であるという上位目標を設定しました。そして、両集団はこの目標達成に向かって行動を起こし、無事、水を運ぶことができました。その後の最終的なソシオメトリックテストでは、外集団メンバーの友人選択は三分の一に達し、第2ステージの選択から劇的に変化し、集団間の友好が高まったことが示されました。上位目標が相互協力関係をつくり、その相互作用を通して、二つの集団の融合が見出されたのです。こうして上位目標を設定することで、葛藤の解決につながることを証明しました。

このように、自分たちの集団の目標を達成する上で必要な資源（土地、食物、富など）を減少させ、集団目標の達成を阻害するほかの集団が存在すると認識したとき、その集団間に葛藤が生じ、それが相手方へのネガティブな感情、敵意、攻撃を引き起こすということが検証されたのでした。

現実的集団葛藤理論に関しては、それまで実証に基づいた研究が乏しかったので、シェリフらが行った実験はこの理論の裏づけをし、さらには現実場面でも高い整合性が認められ、多くの支持を得ました。さらには、第3ステージで上位目標を設定する試みを行うことで集団間関係の解決までの理論を展開しました。この一連の研究は、その後、集団間関係への社会心理学的アプローチに大きな道筋を与えることとなりました。

現実的集団葛藤理論の限界

しかし、この理論ではいくつかの難点も指摘されていま す。ブラウン(二〇〇〇)は、資源が乏しく、両集団の利害がぶつかり、相互共存が不能と認識された場合では、集団間葛藤は生じるが、それがない場合(資源が十分にあり、それぞれの集団目標が相手集団によって阻害されない場合)でも、集団間の関係は必ずしもポジティブなものにならないことがあると指摘しています。はっきりした利害関係がなくても内集団ひいき、外集団軽蔑(derogation)や、集団間軋轢も私たちの周囲には散見されます。そして、自己カテゴリー化理論の視点からは、第2ステージではすでに集団間にカテゴリー化が存在し、たとえ、葛藤状況を実験操作(トーナメント、競技)で設定しなくても、外集団への否定的態度は生じていたと考えられます。さらに現実的集団葛藤理論では、葛藤の原因となる利害関係として、土地、富、食料などの資源の枯渇としていますが、そのほか、抽象化された対象（集団の価値観、自尊心、集団ロイヤリティ）などが損なわれる恐れが葛藤を引き起こすこともある（たとえば、後述する存在脅威管理理論）としています。とはいえ、現実的集団葛藤理論をきっかけにその原因、説明を求めるさらなる研究が行われたことも確かです。

●集団間葛藤の心的機制

先ほども記したように、集団間関係に関しては、友好より、敵対・葛藤が注目されてきました。それは歴史的に見ても、現在の私たちの周囲を見渡しても、集団間関係では、友好、好意的関係より、否定的態度、敵対そして葛藤状態のほうが多く存在するからともいえます。

個人レベルと集団レベルの競争の違い――不連続性効果

インスコら（一九八七、二〇〇一）は、集団間の葛藤は個人間レベルのものと比べ、より競争的であり、それが葛藤を強めるとし、これを個人

—集団不連続性効果（individual-group discontinuity effect）とよびました。彼らはその証明として、実験で、囚人のジレンマゲームを使って、競争反応・協力反応の出現率を比較しています。実験参加者はそれぞれ別室でこのゲームを学び、その後、同室でゲームを一〇試行行いました。ゲームは二人で行いますが、プレイヤーの組合せは、個人間、三人集団のうちの二人（集団内）、そして二つの集団からそれぞれ一人の代表者（集団間）です。その結果は競争と協力の選択率にすると、個人間では六・六%、集団内では三六・二%、集団からの代表者では五三・五%が競争的反応となり集団間で競争選択数が高くなりました（図40）。

ワイルドシュットら（二〇〇三）も、これまでの四八の実証研究のデータを基にメタ分析を行った結果、集団間では攻撃的行動がより顕著であることを示しています。このように、集団間ではなぜ競争的になるのかについては、いくつかの説明がなされています。

たとえば、利益優先仮説（greed hypothesis）では、自分たち集団の利益はメンバー間で支持されるので、集団内では協力的になりますが、外集団に対しては競争的対応になるとしています。自分だけの利益なら躊躇するところですが、自分たちの利益なら寛容になるというわけです。

また、認識性仮説では、集団内のメンバーは相互に知られた存在ですが、外集団に対し

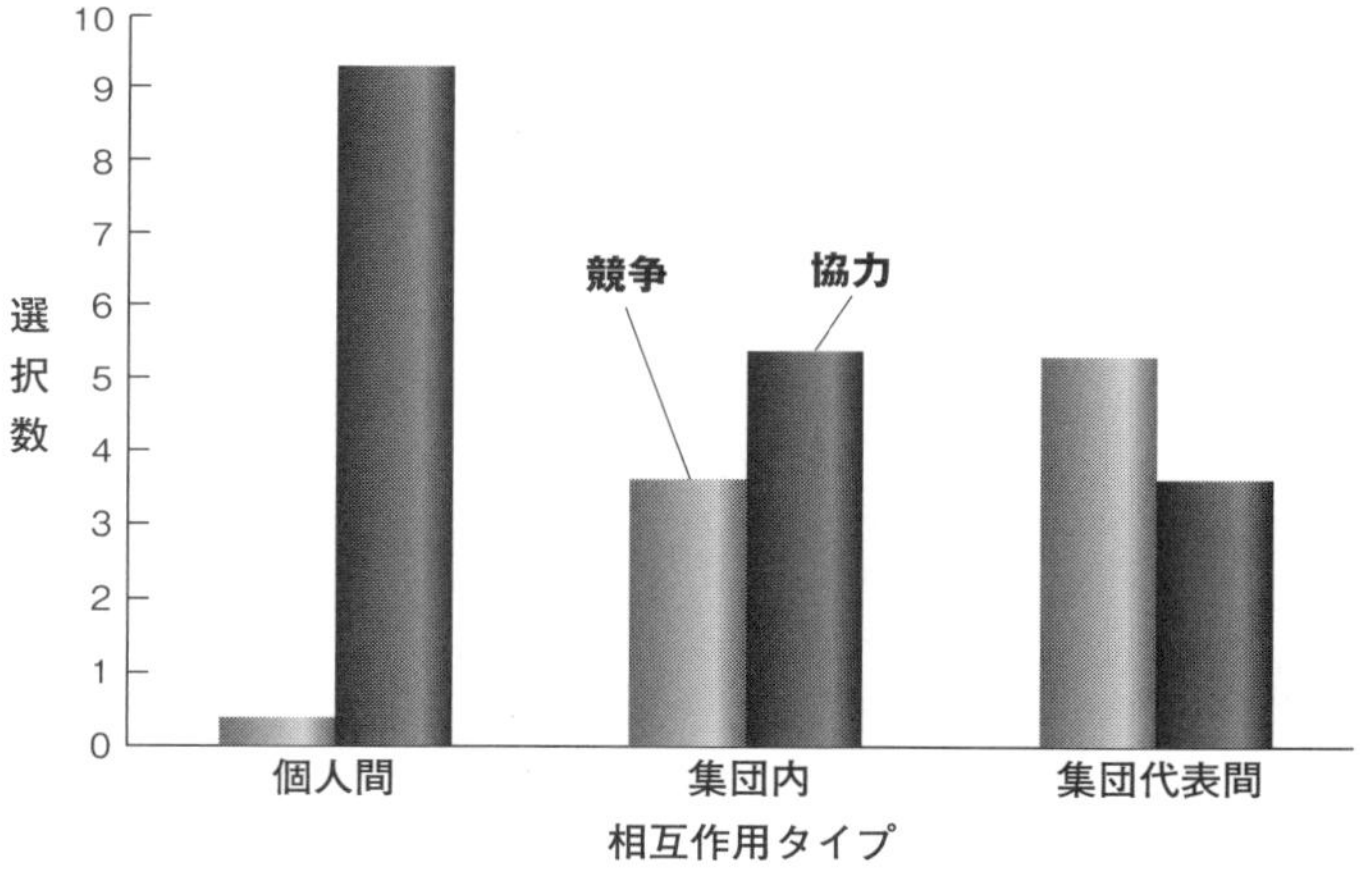

図40　囚人のジレンマゲームによる，個人間，集団内，集団代表間の選択数（インスコら，1987）

ては集団の一人として匿名性を得ることが可能で、それが攻撃・競争を促すとしています。なぜなら個人として相互作用するのでなく、集団のメンバーとして相互作用するので個人としての認識性、明示性は低下するため、個人は競争・攻撃をしやすくなるからです。

さらに、他集団への恐れの指摘もあります。これは、集団間関係による不安、恐怖のことで、多くの集団間関係では相手集団についてはよく知らず、最初に出会うときは評価懸念、情報の少なさによる不確かさ、なじみのなさを相手集団に抱き、このことが拒否、当惑、差別、そして誤解を生じさせます。このような外集団への拒否的態度は、それ以上の積極的接触を躊躇させ、結果的に集団間の情報がないまま葛藤を増大させるとしています。

勢力と支配への恐れ

集団間の葛藤が現実になるのは、一方の集団による征服、吸収・合併、搾取など、他方の集団からの勢力、支配によってコントロールされることに恐れがあるからです。そのなかでも、もっとも強いのは、それまでの集団との関わりが失われ、他方の集団に取り込まれ、これまでの集団を介し維持してきた自己像が失われるのではないかという恐れです。

集団（社会）アイデンティティ喪失

ニッペンバーグとレーベン（二〇〇一）は、集団間の軋轢がもっとも強くなるのは、それまでの自分たちの集団アイデンティティが脅かされる恐怖にさらされたときではないかとしています。それまでの集団アイデンティティが損なわれ、自己の変更を求められるということです。それは、自分のこれまでの拠り所としていたものがなくなり、ほかの集団に支配されるのではないかという恐怖となります。彼らはフィールド調査から、集団間関係では、支配的な集団メンバーのほうが自分たちのアイデンティティの変更は少ないので、被支配集団より、二つの集団が一緒になることで作られた新たな集団のアイデンティティを獲得することでも、その集団を持続させることでも、連続性を保ったまま混乱なく運ぶことを見出しています。

マジョリティとマイノリティ

これは、集団のどちらが影響力を行使するか、あるいはイニシアティブをとるかという関係でもあります。

集団間関係が均衡にあったり、対等であることはまれで、集団サイズ、社会的位置づけ（勢力や地位）、あるいは影響の強さにおいて一方の集団がマジョリティで、他方がマイノリティといったことはよくあります。この場合、マジョリティがマイノリティを飲み込み、マイノリティの尊厳を失わせてしまうことが起こります。現実に、集団間の統合では、それぞれの規範・文化の維持という観点から多元的文化を望ましいとしながらも、マジョリティの文化（言語、慣習）が支配（一元化）し、マイノリティの文化が危機的状況にさらされている場面もしばしば見られます。

その上、何をマジョリティあるいはマイノリティとするかは、両集団の集団目標、社会的評価などで必ずしも一元的なものではなく、多様です。たとえば、南アフリカ共和国は一九九四年までは、国民の九〇％が黒人で多数を占めていましたが、少数であるヨーロッパ系白人のほうが社会的勢力が強くマジョリティでした。前項でも触れたように、マイノリティと位置づけられると新たな集団アイデンティティへの抵抗と恐れは強くなると思われます。

怒りとフラストレーションの原因

人はなぜ、特定の集団に対して否定的感情を抱いたり、偏見を持ったりするのでしょうか。このような根源的な問題に一つの道筋を与えて理論化したのが相対的剥奪理論（**relative deprivation model**）です。たとえば、これまで偏見は、自らの欲求が充足されないことで生じる攻撃性によって引き起こされるものとみなされてきました。いわゆるフラストレーション攻撃仮説です。しかし、多くの研究ではその概念的問題、実証上の問題が指摘されていました。また何よりこの説明は個人レベルのことで、偏見のような集団間態度にはそぐわないものでした（ブラウン 二〇〇〇）。

相対的剥奪感

しかし、このフラストレーションの生起は、個人的（絶対水準）なものでなく、相対的なもので決定されることに注目し、フラストレーションは本来あるはずの権利が剥奪されて生じるものとしてとらえられるようになり、新たな理論構築がなされました。ガー（一九七〇）やラッチマン（一九六六）は、人々が現時点で保持する生活水準や達成が、本来自分が享受すべきと信じる期待との間に食い違いを知覚するときに、相対的剥奪感が生じるとしました。社会的不満や偏見の背後に潜むものとして、達成と期待のギャップがあるとき、人は相対的剥奪感を抱くというのです。さらにラッチマンは、人々が期待するものとして、相対的剥奪感が個人的なものではなく、自分たちの仲間（自分たちの集団）が社会、あるいは利害関係にある集団・集合体に剥奪されていると知覚することで感じる集団間のコンフリクトととらえたのです。彼は、これを「仲間的」としましたが、集団あるいは集合相対的剥奪感（Collective Relative Deprivation：CRD）とよんでもよいでしょう。この場合、何を対応する集団とするかは認知的なものとなります。さらには、内集団の絶対的水準ではなく、その対応する集団との相対的水準によって決まります。つまりこの中心的命題は、現時点で、実際に自分たちの集団が享受している生活の水準と本来享受すべきと信じている水準の差異を知覚したとき、社会的不満、あるいはその原因となる集団に対してのコンフリクトが生じるとします。剥奪の客観的事実より主観的経験を強調することにこの理論の特徴があります。アメリカでは、一九世紀から二〇世紀にかけて経済が不況となって失業者が増加し、黒人へのリンチが増大しましたが、その担い手は貧しい層の白人集団でした。

集合相対的剥奪感

グラントとブラウン（一九九五）は、学生（二～四人）の集団を二つつくり、「学生のキャリア・プランのためのアイディアを出すこと」という課題を与えました。学生は、その報酬として、平均一〇ドル（三ドルから一三ドル）を予定しているが、この報酬は他方の学生集団の創出したアイディアの評価によって決まると事前に告げられました。二つの集団のうち、結果の出来栄えが低いと評定され、四ドルの報酬になった群（集合的剥奪条件、CRD群）は、相手方の一〇ドルを獲得した集団に対して高い嫌悪感を抱きその集団メンバーに対して侮蔑的言動を投げつけました。また、その外集団との差異化もより強いものでした。しかし、はじめから作業の報酬は四ドルであると告げられた二つの集団（非CRD群）間では、相手集団への反応ではこのようなことはなかったのです。また、ここでは、ほかの集団からの評価として社会的アイデンティティへの脅威も独立変数としましたが、その違いは見られませんでした（図41）。

この集合相対的剥奪感の概念には、社会的公正感も含まれています。そして、必ずしも社会的に見てマイノリティばかりでなく、マジョリティとみなされる集団でも生じます。

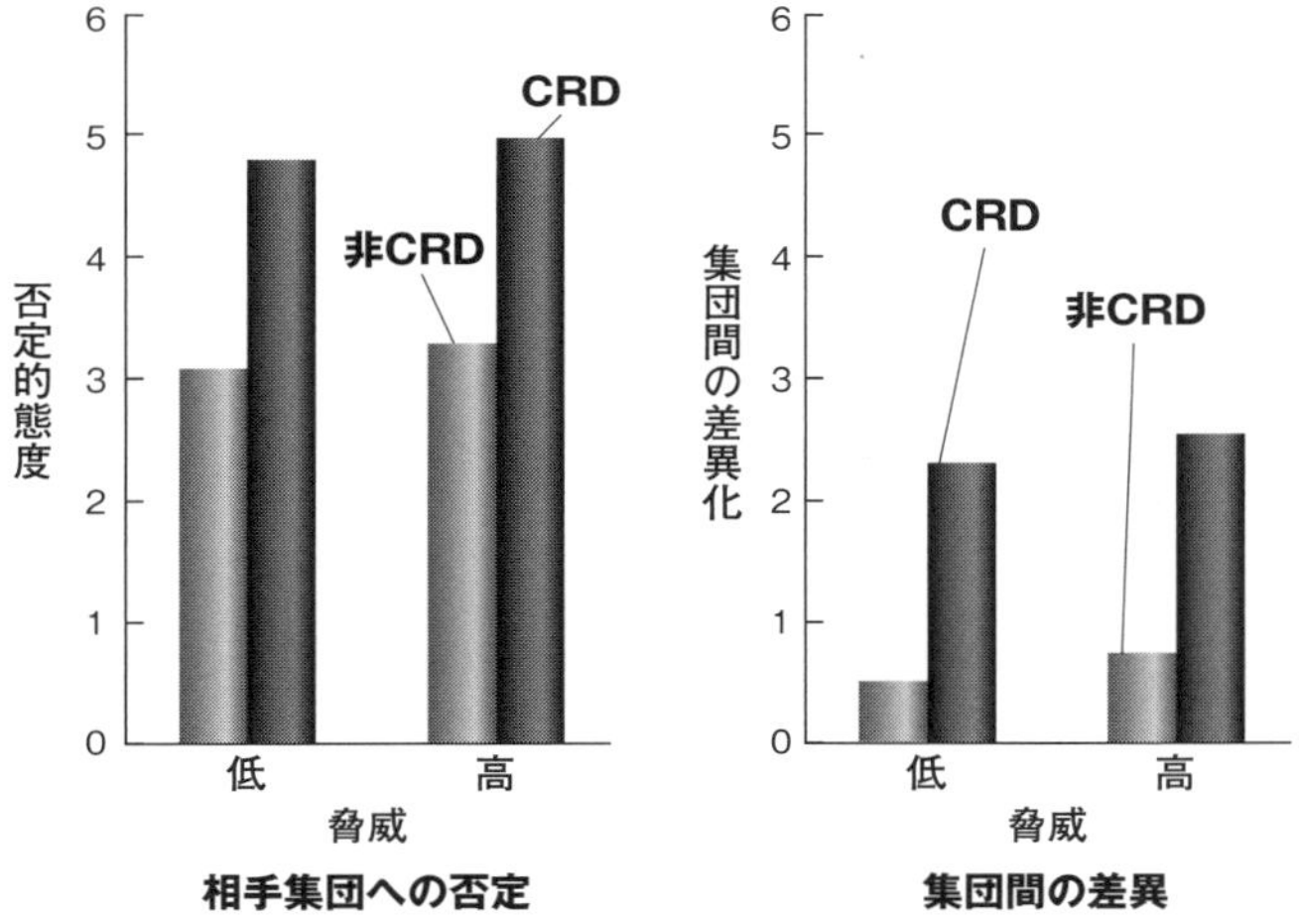

図 41　CRDと脅威の違いによる外集団態度
（グラントとブラウン，1995）

つまり、相対的に見ての剥奪感なのです。この理論では、どの集団と関連させるか、あるいは比較対象とするかといった社会的比較が重要となります。さらに、不満やフラストレーションを引き起こした不公平感は知覚的な公正感です。そのため、何をして不当とするか不公正とするかは主観的判断に委ねられます。

死の恐怖の緩和——存在脅威管理理論（Terror Management Theory；TMT）

グリーンバーグら（一九九七）によれば、生き物の根源的な動機は死の恐怖に対する恐れの克服といいます。死は必然的で不可避なものとして認識されるので、その恐怖・不安を取り除いたり、緩和する何らかの機能を進化の過程で備えてきた、としています。人間は、進化の過程で認知的能力が備わり、連綿とした人々の記憶のなかに培われた文化としての世界観（死を超越させるさまざまにシンボル化された宗教、慣習、秩序）を持つようになり、それへの適合感が死の恐怖を和らげる装置として機能するとしています。これらは養育者などとの関わりから社会化の過程で育まれます。それをここでは自尊心としています。つまり、この世界観に信を置く限り、自尊心が死の恐怖を軽減する緩衝装置として機能するとします。そこで、自らの自尊心の依拠となる社会・集団の世界観を強めることで、内集団と外集団を差異化し、さらには外集団の世界観を排除するようになります。

そのことが集団間葛藤を生み出しやすくさせるとしています。その検証では、死の恐怖を顕在化させることで、内集団の世界観を強調したり、外集団メンバーに対して否定的態度、攻撃的態度が形成されることが見出されています。たとえば、ハーモンジョーンズら（一九九六）は、死を顕在化させた場合は心的緩衝として自尊心が高まり、内集団の評価が高まり、外集団との差異化も大きくなると仮定し、最小集団パラダイムを用いて実験しました。最小集団の集団差異化は、抽象絵画の好みという教示でランダムに集団を分け、内集団メンバーと外集団メンバーの特性の評価と、類似の程度を測りました。その結果、死の顕在化の条件群では、集団間が明確な場合において、内集団の評価が高く、また集団間の差異化もさらに強くなりました。彼らは、死の顕在化によって、自尊心が活性化されて、心的緩衝として自らの集団をより望ましいものとし、また外集団との区別を明確にしたとしています。

集団間競争は社会的に意味がある？

集団間の競争や葛藤がなくならないのは、それが社会システムのなかで機能しているからであるという指摘があります。社会システムを明らかにする重要な理論として進化心理学があります。とくに、ネオダーウィニズムでは血縁集団の生存維持のため、集団間の競争・攻撃は必然的であるとしています。

また、集団間の競争は集団内の結束を強め、凝集性も高めます。ディオン（一九七三）は、集団が外集団の脅威・攻撃にさらされると、内集団の凝集性が高まることを明らかにしています。そうすると、あえて集団内の結束を強化するため外に敵対する集団をつくることもありえますし、外集団からの攻撃や脅威を演出したり、あおるかもしれません。国内の政情が不安定になり、国民の不満が高まると、その視線を外に向けさせることで国内の不満を和らげることは、時として最高権力者が用いる手段の一つです。

●集団間の軋轢、コンフリクトの解消に向けて

集団間の接触は偏見・葛藤の解決に十全？

これまでも集団間関係の葛藤、偏見の解消に向けて多くの積極的理論が提起されてきました。そのなかでも、もっとも多くの実証的研究の蓄積、現場への応用的スタンス、さらには、葛藤・偏見解消の効果に関して多くの賛否と論争を巻き起こしているのは、G・W・オルポート（一九五四）による接触理論です。彼は、『偏見の本質（*The nature of prejudice*）』のなかでその基となった思想を述べています。この接触理論は、社会や学界

に強いインパクトを与えたという意味で、社会心理学を中心としてもっとも影響力のある理論の一つといえるでしょう。この理論が提唱された背景には、一九五〇年代のアメリカにおける人種差別撤廃運動がありました。そして、偏見・差別解消に向けての理論的根拠を与え、のちの公民権運動の支えとなりました。とくに、積極的な人種共学制度への手がかりを与えるものでした。

接触理論の条件

この理論を簡単にいうと、接触を促進する制度なり社会的状況をつくることで、接触の機会、時間を多くすることです。集団間のメンバーの相互作用が互いの知識を高め、ポジティブな対人関係を構築します。相互に知ることによって好意をもたらすことは、熟知仮説からも明らかです。こうして築いた対人関係が同集団の他者への「般化」につながるという前提は重要な視点です。この理論はいたってシンプルです。しかし、単に他集団のメンバーと接触することで偏見やネガティブな反応が低下するとはしていません。それらを解消するにはいくつかの条件があります。

①集団間は対等な地位関係にあるということです。これは、両集団の不平等な関係は接触の過程で従属的な関係（マジョリティ対マイノリティの関係）をつくってしまい、かえって集団間の葛藤、さらには偏見を助長しかねないからです。

②そして、集団間では単に接触するだけでなく、相互促進的な行動、つまり協働的関係をつくることです。ここには共通目標の設定、その目標への相互依存過程で生じる相互促進的関係が友好な関係をつくると想定しています。

③最後に、もっとも重要なことは接触することを支持する社会的・制度的な枠組みの必要性を求めていることです。制度など政策的なバックアップは、企業や教育現場で正当性と強制力を伴わせ、より効果的になるでしょう。それがいずれ、外集団への寛容な規範を生み出す新たな社会風土の創出に役立つものとなるのです。

多くの研究は、この接触理論の有効性を支持しています。たとえば、トロッポ（二〇〇三）は、それまでの主な五〇〇あまりの研究から、多様な国、二万人以上の実験参加者を対象にメタ分析を行いました。その結果は、近隣であれ、職場であれ、移民であれ、接触を通して他集団に対する偏見と接触はマイナス〇・三〇という比較的強い逆相関関係を示す結果となりました。接触することで偏見を低下させたことが明白です。

接触理論の限界

これらの視点を考慮しつつ、さまざまな現実場面で改革プログラムが実施され、また検証も多く行われてきました。その上で、この接触理論は、果たして本当に偏見解消に有効な手立てかどうかという問題も提起され、さらなる検討も始まりました。たとえば、ブラウンとヒューストン（二〇〇五）は、これまでの接触理論と現実の社会との乖離について論じ、この理論の有効性と限界を示しました。

彼らの指摘した限界で、もっとも強調されているのは「般化」です。接触理論では、他集団に属するメンバーとの対人的接触を通して発生するポジティブな態度が、直接接触しないほかのメンバーに対しても敷衍され、結果的に集団全体への態度につながることで、集団間関係が改善すると仮定しています。しかし、対人関係は必ずしも集団間関係に波及しないことです。ハンバーガーとヒューストン（一九九七）は、ヨーロッパ四カ国のデータを使って、独立変数を接触（友人、仕事上、近隣の三変数）とし、各接触とその後の友好度（従属変数）をまとめ直したところ、友好な関係にあったのは、個人的関係の友人の変数だけでした。その理由として、彼らは、接触によって集団を隔てているカテゴリーの境界が顕著になるからではないかと推測しています。つまり顕在性の問題です。接触によってかえって集団間の差異が顕在化し、対人間で露わになり、不安、恐怖、格差が広がり、結果的に集団間の軋轢、ネガティブな感情は低下しないと解釈しました。

さらには、この接触理論では、集団間は対等の前提ですが、現実の集団では対等な関係は少なく、勢力（何をして勢力とするかはいろいろありますが）で影響を与える側と与えられる側になることです。そうすると、影響を与える側の基準・規範が優先され、双方の価値を認めた多元的様相は低下するのではないか、など現実集団での困難さを指摘しています。

上位目標の設定

先のシェリフらによるサマーキャンプ研究では、第1ステージでは集団構成、第2ステージでは集団間葛藤があって、第3ステージとして、集団統合として上位目標を設定し、その目標を達成することで集団間葛藤の解消につながりました。この上位目標は、相対立する二つの集団の協力があってはじめて達成可能であるとともに、両集団にとって重要なものです。この上位目標達成には、相互促進的依存関係が必要であり、その相互作用を通して、コミュニケーションが活発化し、成果も両集団にとって満足のいくものになりました。このように、二つの集団にとって相互に必要とし、協力によってはじめて達成される目標は、達成までの相互作用が必要であり、それがメンバー間の融合となり、軋轢や葛藤は解消されるとしています。

しかし、いくつかの問題も残されています。一つは、この実験では、上位目標は成功裡に終わっています。目標を達成した場合、その成果は両集団に帰属し、何らかの報酬、達成感が得られ、そこへ到達したプロセスも満足したものと評価されるでしょう。しかし、もし結果が期待したものでないならば、結果に導いた協働はどのように評価されるでしょうか。

上位目標が達成されなければ？

現実の世界では目標はいつも成功裡に終わるとは限りません。失敗に終わったり、途中で挫折する場合もあるでしょう。多くの研究には成果は明示されていません。実験手続きのなかでは暗黙のうちに成功したとしています。協働は二つの側面から評価されます。一つは協働するという相互作用過程の効果、そして、もう一つはその成果としての評価です。

そのなかで、ウォーケルら（一九七七、一九八〇）の一連の研究は注目されます。ここでは、この両者つまり過程と結果を分けた実験を組んでいます。彼らは、外集団へのネガティブ反応の低下が協同的相互作用の成果に関連すると仮定しました。そこで、まず三つの集団（協力条件群、競争条件群、個別条件群）に二つの課題を与え、次いでそれぞれの条件群に協働的課題を遂行するよう操作しました。そして各群の課題の成果で成功か失敗かのフィードバックを与えました。その後、外集団への好意の程度を従属変数とし測定しました。その結果、競争条件群を除いては、成功・失敗にかかわらず、好意の程度は増大しました。そして、競争条件群だけは、失敗条件で好意が低下しました。相互作用の過程の効果は外集団にとって好意的な関係になりました。さらに、より複雑な結果を提示しています。そこではあと一つの条件を加えました。それは環境要因で、課題遂行時の部屋の状態が良好か否かというものです。結果は、課題達成に成功した場合は、部屋の条件にかかわらず、外集団への好意が増大しました。しかし、条件が良好な場合（理想的環境）で、課題達成に失敗した場合は外集団への好意が減少しました。また、失敗の理由を悪い環境（不適当環境）に帰属させることが可能な場合、外集団への好意はさほど低下しませんでした（図42）。

これらの研究から、ウォーケルらの指摘するように、協働の過程より成果が重要といえるでしょうか。この結果だけでは明確に断定できないようです。これらの知見は協働的相互作用が必ずしも集団間関係の友好を高めるわけではなく、協働の成果と過程の両方が絡み合いながら外集団の評価につながっていることを示唆しているようです。しかし、この結果から、上位目標を達成可能なものに設定すること、つまり成功する確率の高い目標に設定することで協働による達成感が得られ、集団間関係が良好になるということはいえそうです。

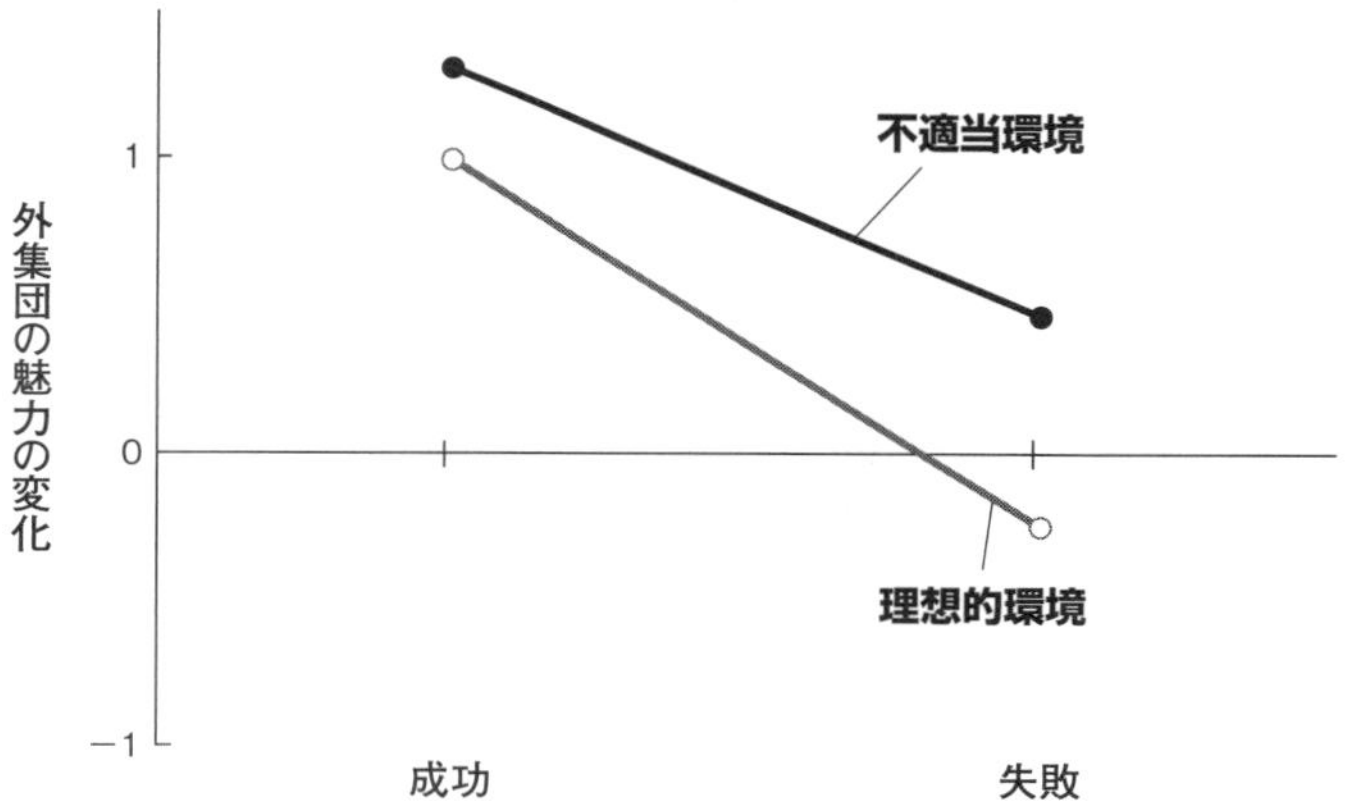

図 42　協働作業の成果による外集団の好意の変化
（ウォーケルとノーヴェル，1980）

●カテゴリー化——認知的枠組みの変容

先の接触理論では、対人的相互作用が集団全体のメンバーに対する認識まで般化されるかどうかという問題が指摘されてきました。この般化は、集団間関係を構成してきた集団間の境界として分化していたカテゴリーを新たなカテゴリーに構築することによって集団間のネガティブな関係を解消しようとする試みです。この場合、それまで維持してきた集団との関わりである集団アイデンティティを新たなものに変容させることでもあります。

没カテゴリー化から再カテゴリー化へ

これまでの集団をまとめ、形づくっていた集団アイデンティティを変容させるには、まず現在あるそれぞれのカテゴリーを消滅させることです（没カテゴリー）。集団間のメンバーの相互作用が蓄積されるにつれて、他集団のメンバーとしての認識はなくなり、それまで維持してきた他集団のイメージ、認識は低下します。そして、それまでは集団間の境界をつくっていたカテゴリーの顕在性は低下することで集団間関係の認識も低下します。

この変容は、対人関係を通して、個人レベルにおいて集団間の境界を低めることで、

「us and them」から「you and me」への変換ともいえます。友好的な対人認知によりカテゴリーの差異に注目せず、当初の集団間関係を構成してきたカテゴリーの顕在性が低下し、そのカテゴリーによる集団間関係は消滅することを示しています。しかし、個人レベルの相互作用は、必ずしも所属するそれぞれのカテゴリーの認識を持って接触しているわけではないので、集団間を隔てているカテゴリーを認識していなければ集団レベルへの変換にはつながらないでしょう。

再カテゴリー化

再カテゴリー化とは、集団間のバイアスや葛藤を低下させ、両集団にとってより高いレベルのカテゴリーを構築することで新たな集団間関係をつくるものです。それは異なる二つの集団から一つの集団へメンバーたちの概念を変容させることです。ここでは両方の集団が下位集団となり、その上位として新たなカテゴリーを再構成することです。これを上位集団の統合（superordinate entity）としました。この再カテゴリー化も、既存の集団間にある境界の解消を提唱するものです。しかし、このカテゴリー化は、これまでの集団の境界を解消するだけでなく、新たなカテゴリーを上位に置くこと（両集団を包含するカテゴリー）に焦点が当てられています。

共有内集団アイデンティティモデル（common ingroup identity model）

ガートナーら（一九九九、二〇〇〇）の一連の研究では、さらに、集団間のバイアスを低減させたり、集団間の融和を促進させるための新たなカテゴリー化を検討しました。これまでの脱カテゴリー化、再カテゴリー化では、接触理論で示された協働の構造が十分解明されてこなかったとして、これらのモデルの不十分さを指摘しました。

彼らは集団間の接触、相互作用が集団間の葛藤を解消するのではなく、相互作用の結果、他集団との共通運命にあるという認識が必要であるとしています。つまり、協働には集団間の相互作用と共通運命があり、その共有された運命への認識によってこれまでの別々の集団から、一つの共有した内集団（common ingroup）として認識され、認知的統合体として示されるとします。ここでは運命共同体の認識があればよいので、結果としてそれを認識できれば、協働の成果つまり、成功・失敗は関係ないこととします。

そこでガートナーら（一九九九）の実験条件は、相互作用と共通運命を独立変数として、共通運命も揃った十分相互作用条件、相互作用がない共通運命のみの部分相互作用条件、そして両方ない相互作用なし条件を設定しました。実験参加者は、三人集団二組で構成されました。相互作用条件では、一つのテーブルで作業する（相互作用あり）か、別々のテーブルで作業する（相互作用なし）かです。また共通運命条件では、集団解決（サバイバルゲーム）がうまくいけば全員が報酬を得る（結果の共有）ようにします。結果は、相互作用も共通運命も集団間のバイアスの低下に影響を与えました。とくに、共通運命条件でよりその働きは大きく集団内のバイアスは低下しました。

作業遂行の補完関係

松崎（二〇〇六）は、共通運命、すなわち運命共同体は他集団があっての存在であるから、成果に向けての相互作用が互いを補い合う関係（補完関係）になる場合、新たな共有内集団アイデンティティを持つのではないかと仮定し検証しています。ここでは、絵画認知テストという名目で実験を行いました。実験は二つのセッションに分けられ、はじめのセッションはカテゴリーによる集団構成で、実験参加者が絵画の形状の関心の違いから二人集団（実際にはランダムで形状に関心の形状派集団と、色彩に関心の色彩派集団）に分けて集団を構成しました。次のセッションでは、まず、同カテゴリー集団による作業1（内集団）を行い、次に作業2（上位集団）として、四名の異なるカテゴリー集団（作業遂行の補完条件）、四名の同じカテゴリー集団（非補完条件）による作業を施行しました。そして次週に、作業2の評価をフィードバックし、成果（高評価群、低評価群）を伝え、その後、作業1のときの内集団の評価、作業2のときの集団上位の評価を求めました。結果は図43に示しましたが、内集団が作業

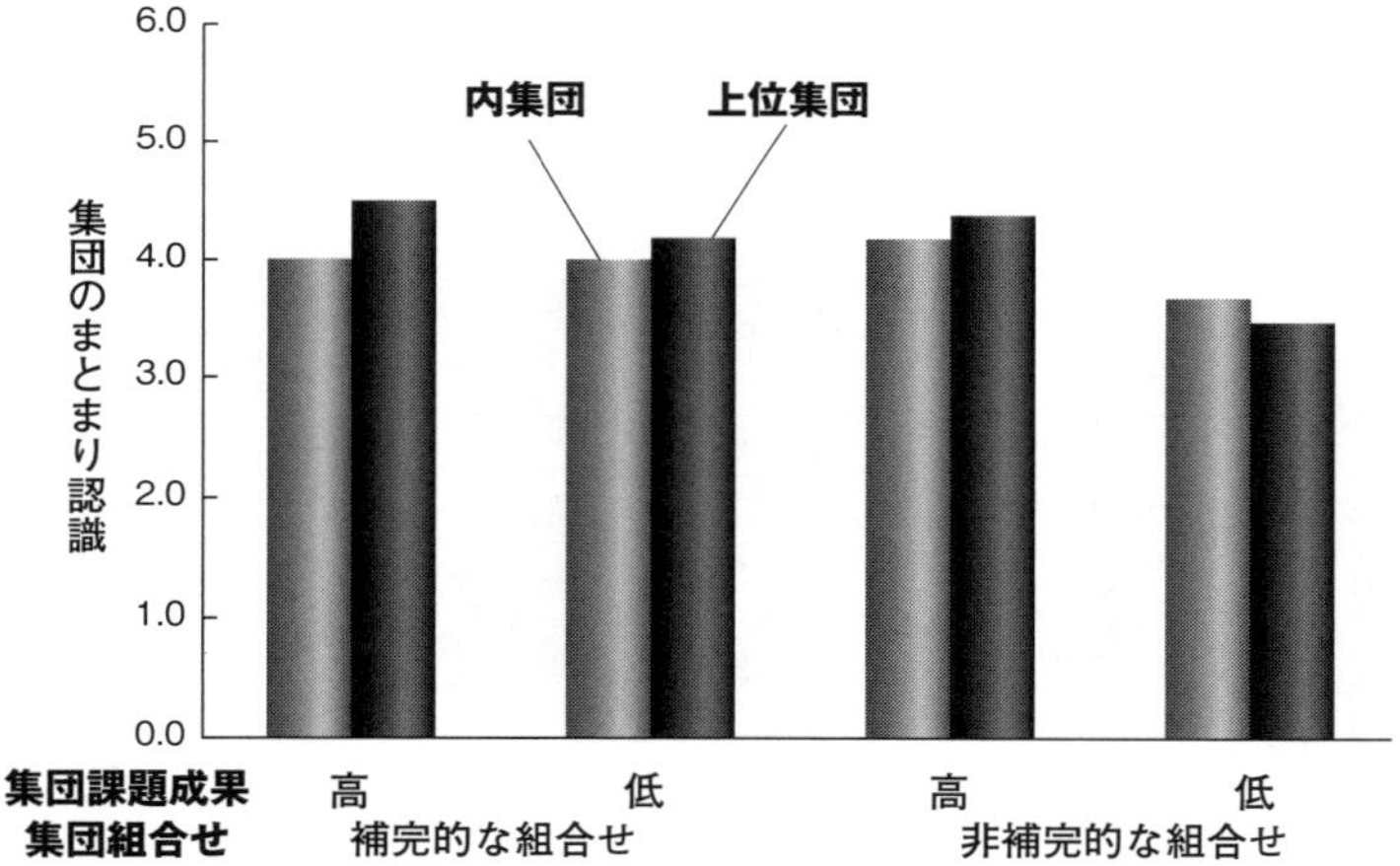

図 43　集団組合せと集団成果が集団のまとまり認識に及ぼす効果
（松崎，2006）

1で、上位集団が作業2です。集団評価における集団のまとまり度では上位集団が補完条件・高評価群においてもっとも高いものでした。低評価群でも高いものの、統計的な差はありませんでした。また、協力度では補完・非補完の条件に関係なく高評価群で高い反応でした。この結果から補完条件のほうが高い集団のまとまり度を示すことは統計的に十分に証明されませんでしたが、集団目標に向かった助長的そして補完的相互作用が共有内集団アイデンティティの形成になることは示唆されました。

しかし、この共有内集団アイデンティティにはいくつかの問題も指摘されています。たとえば、この戦略は、もとの集団アイデンティティを破棄して新たな集団アイデンティティを構築していくことでもあります。しかし実際にはこれは困難ではないかという指摘があります（ヒューストン 二〇〇二）。それでもなお、相互作用の結果、つまり協働行動の結果としてはやはり重要な要素であるようです。そうであるならば、先ほども記したように、目標達成、成功の手がかりが得られるような、成功の確率の高いものから始めること、そして相互の補完性、つまり、相手集団があってはじめて成り立つとの認識を高めることが考えられます。

参考図書

集団過程全体については、以下のものがおすすめです。

佐々木　薫・永田良昭（編）　一九八六　集団行動の心理学　有斐閣

すこし古くなりましたが、わが国で、社会心理学の知見から集団過程全体を扱った著作ではもっとも充実したものといえます。

山口裕幸　二〇〇八　チームワークの心理学――よりよい集団づくりをめざして　サイエンス社

本ライブラリに収められています。集団をチームと限定していますが、新しい視点も取り入れ、最近のチームワークの関心をふまえてより効果的な集団のあり方を提言しています。

亀田達也・村田光二　二〇一〇　複雑さに挑む社会心理学――適応エージェントとしての人間　改訂版　有斐閣

人間の社会性を理解する説明原理を適応ととらえて、進化心理学の視座から解説しています。そして、社会性を育む適応環境として、集団生活とし、そこでの行動を明らかにしています。

邦訳されたものでは以下のものがあげられます。

ヒューストン・シュトレーベ・コドル・スティヴンソン（編）末永俊郎・安藤清志（監訳）一九九五　社会心理学概論――ヨーロピアン・パースペクティブ　誠信書房

（Hewstone, M., Stroebe, W., Codol, J. P., & Stephenson, G. M.（Eds.）（1988）. *Introduction to social psychology : A European perspective.* Basil Blackwell.）

「ヨーロピアン・パースペクティブ」と副題にあるように、アメリカを中心とした集団研究ではあまり触れられていない少数者影響、集団間関係を扱っています。また引用でも、ヨーロッパの文献を多く紹介しています。

ブラウン（著）黒川正流・橋口捷久・坂田桐子（訳）一九九三　グループ・プロセス――集団内行動と集団間行動　北大路書房

（Brown, R.（1988）. *Group process.* Blackwell Publisher.）

すでに第二版が二〇〇〇年に刊行されていますが、こちらは初版です。第二版と基本的なスタンスは同じで著者は現在、イギリスサセックス大学で活躍しています。基本的なパラダイムは社会的アイデンティティ理論、自己範疇化理論をバックボーンとしています。第二版ではさらに充実した新たな知見を取り入れています。

次のものは、原著ですが、第四版を重ね、スタンダードな集団過程を記した概論書といえます。

Forsyth, D. R. (2006). *Group dynamics*. 4th ed. Thompson Wadsworth.

古典的研究から現在の集団研究の動向まで、広範囲を扱い、また、その裏づけとした理論や研究の解説も充実しています。さらには、応用やほかの社会科学まで視野を広げています。現在の集団研究全体を視野に入れた概論書としてはもっとも充実したものといえるでしょう。

集団の形成と発達については以下のものがあげられます。

佐々木　薫　二〇〇〇　集団規範の実証的研究——拡充されたリターン・ポテンシャル・モデルの活用　関西学院大学出版会

著者の集団規範研究の集大成的研究書です。

ホッグ（著）廣田君美・藤澤　等（監訳）一九九四　集団凝集性の社会心理学——魅力から社会的アイデンティティへ　北大路書房

（Hogg, A.（1992）. *The social psychology of group cohesiveness*. Harvester Wheatsheaf.）

凝集性の多様な概念を整理し、研究の盛衰から問題提起をしています。集団のまとまりを社会的アイデンティティ理論から解読し、新たな方向づけを行っています。

古川久敬　一九九〇　構造こわし——組織変革の心理学　誠信書房

集団の発達は、変容過程でもあります。集団は内部の動きによって変容するばかりでなく、外部環境によっても変容・変革します。

集団内の社会的影響については以下のものがよいでしょう。

ドイッチ（著）杉田千鶴子（訳）　一九九五　紛争解決の心理学　ミネルヴァ書房

（Deutsch, M.（1973）. *The resolution of conflict-constructive and destructive processes.* Yale University Press.）

ドイッチは、長らく、相互作用における協力と競争そして、それらの解決のための科学的根拠を示すことに研究を捧げてきました。ここで扱っている相互作用は、対人間、集団内、そして集団間にまで及んでいます。

ミルグラム（著）岸田　秀（訳）　一九七五　服従の心理——アイヒマン実験　河出書房新社

（Milgram, S.（1974）. *Obedience to authority.* Harper & Row.）

本文中でも実験を取り上げましたが、彼の著書によって実験の全容がわかります。

山岸俊男　一九九〇　社会的ジレンマのしくみ――「自分1人ぐらいの心理」の招くもの　サイエンス社

本ライブラリに収められています。社会心理学者によって書かれた社会的ジレンマの概論書として解説が明快でかつ充実しています。二〇年前に出版されたものではありますが、少しも古さを感じさせず、著者の理念と科学的信念の強さを感じます。

淵上克義　二〇〇二　リーダーシップの社会心理学　ナカニシヤ出版

リーダーシップ関係を扱った概論書は多く、選択に迷いますが、この著書は新たな視点の認知・感情の視点、変革を扱ったものです。

蜂屋良彦　一九九九　集団の賢さと愚かさ――小集団リーダーシップ研究　ミネルヴァ書房

リーダーシップ論を集団の機能から論じています。また後半では集団浅慮も扱い、新たな防止策を提言しています。

第4・第5章はまとめて集団の成果として示され、その説明・理論も共有しています。ここではまとめてあげます。

植田一博・岡田 猛（編著） 二〇〇〇 協同の知を探る——創造的コラボレーションの認知科学 共立出版

これまでの集団の生産性を扱った研究ではプロセス・ロスに関心が向けられていましたが、最近ではプロセス・ゲインが注目されています。これは、人の論理的思考・認知的思考から相互作用を通して集合知を探る認知心理学者からの挑戦の書です。

亀田達也 一九九七 合議の知を求めて——グループの意思決定 共立出版

集団の合意に至る過程をこれまでの知見から最近の知見までを広く扱い、集団意思決定のメカニズムを明らかにしています。

ソーヤー（著） 金子宣子（訳） 二〇〇九 凡才の集団は孤高の天才に勝る——「グループ・ジーニアス」が生み出すものすごいアイデア ダイヤモンド社

（Sawyer, K.（2007）. *Group genius.* Basic Books.）

多様なメンバーの集積によって、集団がより賢くなるプロセスを実験結果を基に、事例を示しています。集団成果の効果を示した一冊です。

集団関関係・集団間行動としては、以下のものが役立つでしょう。

大渕憲一（編著） 一九九七 紛争解決の社会心理学 ナカニシヤ出版

葛藤というネガティブな関係性を、社会心理学から取り上げたもので、集団内葛藤や集団間葛藤を扱っています。これまでこのような視点からのまとまった概論書があまりないため、参考になります。

ブラウン（著）　橋口捷久・黒川正流（編訳）　一九九九　偏見の社会心理学　北大路書房

（Brown, R.（1995）. *Prejudice : Its social psychology*. Blackwell Publisher.）

本文中では、偏見についての詳しい解説はしませんでした。しかし、偏見の心的機制はまさしく集団間行動です。この著書は自己範疇化理論、社会的アイデンティティ理論からの解明を試みています。なお原著第二版（二〇一〇）は最新のデータを載せより充実した内容となっています。

おわりに

ＦＩＦＡ女子サッカーワールドカップ二〇一一決勝で、日本代表「なでしこジャパン」はアメリカを下し、初優勝しました。頂点を極めたこの快挙に日本中だけでなく世界からも惜しみない祝福や称賛が寄せられました。なかでもその称賛では、彼女たちのあきらめない、めげない精神力をあげています。そしてこの精神力は、今、東日本大震災の復興のさなかにある日本中を元気づけ、力強い励ましのメッセージとなりました。

彼女たちのプレーを一見すると、技術力や身体能力はほかのチームより優れているとは思えません。そうすると、このあきらめない、めげない力が優勝へと導いた一因のように思えます。それではこの力は何なのでしょうか。そしてこのような力はどこから生じたのでしょうか。一人ひとりの力を超えてチーム全員で共有された意識と行動。改めて、集団行動の不思議さを感じます。

さて、本書は筆者が長らく教鞭をとっていた、日本女子大学での講義ノートを基にしています。本書はじめの「『セレクション社会心理学』の刊行にあたって」にもありますように、本ライブラリの主旨は特定のトピックをより深めて理解することにあります。本書を書き進めるうちに、「集団行動」ではあまりにもその範囲が広く、深いことを思い知らされ、この主旨にそぐわなかったかなと案じながら書き終えました。タイトルも、トートロジーの印象（「心理学」の一部には行動が含まれるので）が拭えませんが、『集団行動の心理学』としました。集団行動も対象集団（たとえば、ボランティアグループなど）に注目すれば、その特質から集団の行動が明らかになるでしょうし、事象（たとえば、集団の意思決定）に注目すればそのプロセスをより深めた考察が可能でしょう。今回はあえて、特定の集団を超えて現れるプロセスからの集団行動を述べました。

現在、集団に関する研究は理論背景も対象とする集団も多岐にわたっています。さらにそのなかでも、集団に対する規定は今なお論争のなかにあります。いわゆるグループ・ダイナミックスによる理論と、ヨーロッパを中心とした社会的アイデンティティの発想との間の「集団」に対する認識の乖離です。もちろん、理論により集団の概念が異なるのは当然という考えもありますが、本書ではとりあえず、「社会集団」としました。まだ、概念的なあいまいさは残りますが、個人的には、少しでもこの乖離が埋められ、ここから新たな枠組みができればと思っています。私たちの周囲に幾重にも重なって存在する社会集団を理解し、さらには、その中心にある「私」との関係を理解する手掛かりの一つになればと思います。

本書では取り上げなかったこととして、個人差や文化差の問題があります。とくに、集団行動では、公正性、同調行動、規範の内容など研究の蓄積から、文化の差異が明らかになっています。文化差に注目することで、特定文化の特質が明らかになります。また、文化間に共通性があれば普遍的事象として一般性の高いものとなります。このように、個人差や文化差の問題は事象の普遍性と個別性を明らかにするうえで重要です。

本書では、若い研究者仲間、学生、そして院生とともに行った研究成果を何編か取り上げました。彼女（彼）たちの物おじしない行動力と斬新な発想にはいつも元気づけられていました。こういった切磋琢磨できる環境と、グループワークの楽しさを得られ、教師の醍醐味を味わうことができました。今また、感謝の念を新たにしているところです。

最後になりましたが、本ライブラリ執筆の機会を与えてくださいました編集委員の東洋大学社会学部の安藤清志教授、筑波大学人間総合科学研究科の松井　豊教授に改めて御礼申し上げます。また、サイエンス社の清水匡太氏、佐藤佳宏氏には原稿のチェックなど大変お世話になりました。改めて感謝申し上げます。

二〇一一年八月

本間道子

係の視点からみたステレオタイピング・偏見の社会心理学的研究」
Runciman, W. G. (1966). *Relative deprivation and social justice*. London, UK : Routledge and Kegan Paul.
Sherif, M. (1966). *In common predicament : Social psychology of intergroup conflict and cooperation*. Boston, MA : Houghton Mifflin.
Sherif, M., Harvey, O. J., White, B. J., Hood, W. R. A., & Sherif, C. W. (1961). *Intergroup conflict and cooperation : The Robbers Cave experiment*. Norman, OK : Institute of Group Relation.
Tropp, L. R. (2003). The psychological impact of prejudice : Implication for intergroup contact. *Group Process and Intergroup Relations*, **6**, 132–149.
Van Knippenberg, D., & Van Leeuwen, E. V. (2001). Organizational identity after merger : Sense of continuity the key to post merger identification. In M. A. Hogg, & D. J. Terry (Eds.), *Social identity process in organizational context*. Philadelphia, PA : Psychology Press. pp. 249−264.
Wildshut, T., Pinter, B., Vevea, J. L., Insko, C. A., & Schopler, J. (2003). Beyond the group mind : A quantitative review of the inter-individual-inter group discontinuity effect. *Psychological Bulletin*, **129**, 698–722.
Worchel. S., Andreli, V. A., & Folger, K. (1977). Intergroup cooperation and intergroup attraction : The effect of previous interaction and outcome of combined effort. *Journal of Experimental Social Psychology*, **13**, 131–140.
Worchel, S., & Norvell, N. (1980). Effects of perceived environmental conditions during cooperation on intergroup attraction. *Journal of Personality and Social Psychology*, **38**, 764–772.

Dion, K. L. (1973). Cohesiveness as a determinant of ingroup-outgroup bias. *Journal of Social and Personality*, **28**, 163–171.
Gaertner, S. L., & Dovidio, J. F. (2000). *Reducing intergroup bias : The common intergroup identity model*. Philadelphia, PA : Psychology Press.
Gaertner, S. L., Dovidio, J. F., Rust, M. C., Nijer, J. A., Banker, B. S., Ward, C. M., Mottols, G. R., & Houlette, M. (1999). Reducing intergroup bias : Elements of intergroup cooperation. *Journal of Personality and Social Psychology*, **76**, 388–402.
Grant, P. R., & Brown, R. (1995). From ethnocentrism to collective protest : Responses to relative deprivation and threats to social identity. *Social Psychology Quarterly*, **58**, 195–211.
Greenberg, J., Solomon, S., & Pyszynski, T. (1997). Terror management theory of self-esteem and cultural worldviews : Empirical assessments and conceptual refinements. In M.P. Zanna (Ed.), *Advances in experimental social psychology*. Vol. 29. San Diego, CA : Academic Press. pp. 61–139.
Gurr, F. R. (1970). *Why man rebel*. Princeton, NJ : Princeton University Press.
Haslam, S. A. (2001). *Psychology in organizations : The social identity approach*. London, UK : Sage Publications. (Chap. 7　Intergroup negotiation and conflict management.)
Hamberger, D. L., & Hewstone, M. (1997). Inter-ethic contact as a predictor of blatant and subtle prejudice : Test of a model in four west European nations. *British Journal of Social Psychology*, **36**, 173–190.
Hamons-Jones, E., Greenberg, J., Solomon, S., & Simon, L. (1996). The effects of mortality salience on intergroup bias between minimal groups. *European Journal of Social Psychology*, **26**, 677–681.
Insko, C. A., Pinkley, R. L., Dalton, B., Hong, G., Slim, R., Landry, P., Holton, B., Ruffin, P. F., & Thibaut, J. (1987). Individual-group discontinuity : The role intergroup contact. *Journal of Experimental Social Psychology*, **23**, 250–267.
Insko, C. A., Schopler, J., Geartner, L., Wildschut, T., Kogan, R., Pinter, B., Finkol, E. J., Bragil, D. M., Cecil, C. L., & Montoya, M. R. (2001). Individual-intergroup discontinuity redactor through the anticipation of future interaction. *Journal of Personality and Social Psychology*, **80**, 95–111.
松崎友世 (2006). 協働状況における協力的相互依存関係及び課題の成果が上位集団アイデンティティに及ぼす影響　文部科学省報告書「集団間関

Van den Bos, K., Vermunt, R., & Wilke, H. A. M. (1996). The consistency rule and the voice effects : The influence of expectations on procedural fairness judgments and performance. *European Journal of Social Psychology*, **26**, 411–428.

Van den Bos, K., Lind, E. A., Vermunt, R., & Wilke, H. A. M. (1997). How do I judge my outcome when I do know the outcome of other ? The psychology of the fair process effect. *Journal of Personality and Social Psychology*, **72**, 1034–1046.

Wallach, M. A., Kogan, N., & Bem, D. J. (1962). Group influence on individual risk taking. *Journal of Abnormal and Social Psychology*, **65**, 75–86.

Weisband, S. P. (1992). Group discussion and advocacy effects in computer-mediated and face-to-face decision making groups. *Organizational Behavior and Human Decision Processes*, **53**, 352–380.

Wittenbaum, G. M. (1998). Information sampling in decision-making groups : The impact of members' task-relevant status. *Small Group Research*, **29**, 57–84.

Wittenbaum, G. M., Hollonggshend, A. B., Paulus, P. B., Ancona, D. G., Peterson, R. S., Jehn, K. A., & Yoon, K. (2004). The functional perspective as a lens for understanding group. *Small Group Research*, **35**, 17–43.

吉田新一郎 (2000). 会議の技法——チームワークがひらく発想の新次元—— 中央公論新社

Zaccaro, S. J. (1989). Contrasting group and organizational commitment : Evidence for differences among multi-level attachment. *Journal of Organizational Behavior*, **10**, 267–273.

第6章

Allport, G. W. (1954). *The nature of prejudice*. NY : Addison Wesley.

Brown, R. (2000). *Group Process*. 2nd ed. Oxford, UK : Blackwell Publisher. pp. 225–262.

Brown, R., & Hewstone, M. (2005). An integrative theory of intergroup contact. In M. P. Zanna (Ed.), *Advances in experimental social psychology*. Vol. 37. pp. 255–343.

Campbell, D. T. (1965). Ethnocentric and other altruistic motives. *Nebraska Symposium on Motivation*, **13**, 283–311.

continue : Space shuttle challenger and revised group think framework. *Human Relations*, **44**, 539–550.

Myers, D.G., & Lamm, H. (1976). The group polarization phenomenon. *Psychological Bulletin*, **83**, 602–627.

Stasser, G., & Titus, W. (1985). Pooling of unshared information in group decision making : Biased information sampling during discussion. *Journal of Personality and Social Psychology*, **48**, 1467–1478.

Stasser, G., Taylor, L. A., & Hanna, C. (1989). Information sampling in structured and unshared discussions of three- and six-person groups. *Journal of Personality and Social Psychology*, **57**, 67–78.

Stasser, G., & Stewart, D. (1992). Discovering of hidden profiles by decision-making groups : Solving a problem versus making a judgment. *Journal of Personality and Social Psychology*, **63**, 426–434.

Surowiecki, J. (2004). *The wisdom of crowds*. NY : Random House.
（スロウィッキー，J. 小髙尚子（訳）(2006).「みんなの意見」は案外正しい　角川書店）

Thibaut, J., & Walker, L. (1975). *Procedural justice : A psychological analysis*. Hilsdale, NJ : Erlbaum.

Turner, M. E., Pratkanis, A. R., Probiasco, P., & Levi, C. (1992). Threat, cohesion, and group offensive : Testing a social identity maintenance perspective on group think. *Journal of Personality and Social Psychology*, **63**, 781–796.

Turner, M. E., & Pratkanis, A. R. (1998). Twenty five years groupthink research : Lesson in the development of a theory. *Organizational Behavior and Human Decision Processes*, **73**, 105–115.

Tyler, T. R. (1989). The psychology of procedural justice : A test of group-value model. *Journal of Personality and Social Psychology*, **57**, 830–838.

Tyler, T. R., & Lind, E. A. (1992). A relational model of authority in groups. In M. P. Zanna (Ed.), *Advances in experimental social psychology*. Vol. 25. San Diego, CA : Academic Press. pp.115–191.

Tyler, T.R., Degoey, P., & Smith, H. (1996). Understanding why the justice of group procedures matters : A test of the psychological dynamics of the group-value model. *Journal of Personality and Social Psychology*, **70**, 913–930.

Greenberg, J.（1986）. Determinants of perceived fairness of performance evaluations. *Journal of Applied Psychology*, **71**, 340–342.
蜂屋良彦（1991）．集団の賢さと愚かさ　ミネルヴァ書房
本間道子・磯田幸美（2002）．手続き的公正に影響をおよぼす一貫性と発言の効果　日本女子大学紀要人間社会学部, **12**, 77–90.
本間道子・本多ハワード素子（1998）．組織コミットメントと仕事コミットメントにおける手続き的公正の役割　日本女子大学紀要人間社会学部, **4**, 139–158.
本間道子・小山田恵美・橘川博美（2004）．集団決定における hidden profile 現象とコミュニケーション・モードの効果　日本女子大学紀要人間社会学部, **14**, 91–107.
本間道子・風間文明・小山田恵美（2006）．組織性逸脱行為の心的過程――組織性逸脱行為と集団決定の落とし穴――　日本女子大学紀要人間社会学部, **16**, 51–78.
Janis, I.L.（1982）. *Victims of groupthink*. 2nd ed. Boston, MA : Houghton-Mifflin.
Janis, I.L.（1989）. *Crucial decisions : Leadership on policymaking and crisis management*. NY : The Free Press A Division of Macmillan.
亀田達也（1997）．合議の知を求めて――グループの意思決定――　共立出版
Leventhal, G.S.（1980）. What should be done with equity theory ? New approaches to the study of fairness in social relationships. In K. Gergen, M. Greenberg, & R. Willis（Eds.）, *Social exchange*. NY : Plenum.
Lewin, K.（1943）. Forces behind food habits and methods of change. *Bulletin of the National Research Council*, **108**, 35–65.
Lind, A. E., & Tyler, T. R.（1988）. *The social psychology of procedural justice*. NY : Plenum Press.
（リンド, A. E. ・タイラー, T. R. 菅原郁夫・大渕憲一（訳）（1995）．フェアネスと手続きの社会心理学――裁判，政治，組織への応用――　ブレーン出版）
Mackie, D.（1986）. Social identification effects in group polarization. *Journal of Personality and Social Psychology*, **50**, 720–729.
Mackie, D., & Cooper, J.（1984）. Attitude polarization : Effects of group membership. *Journal of Personality and Social Psychology*, **46**, 575–585.
Morehead, G., Ference, R., & Neck, C.P.（1991）. Group decision fiascoes

pp. 37–65.
Triplette, N. (1898). The dynamogenic factors in pacemaking and competition. *American Journal Psychology*, **9**, 507–533.
Valacich, J. S., Dennis, A. R., & Connolly, T. (1994). Idea generation in computer-based groups : A new ending to an old story. *Organizational Behavior and Human Decision Processes*, **57**, 448–467.
Vroom, V. H., Grant, L. D., & Cotton, T. S. (1969). The consequences of social interaction in group problem solving. *Organizational Behavior and Human Performance*, **4**, 77–95.
Weber, B., & Hertel, G. (2007). Motivation gains of inferior group members : A meta analytical review. *Journal of Personality and Social Psychology*, **93**, 973–993.
Williams, K., Harkins, S., & Latané, B. (1981). Identifiability as a deterrent to social loafing : Two cheering experiments. *Journal of Personality and Social Psychology*, **40**, 303–313.
William, K. D., & Karau, S. J. (1991). Social loafing and social compensation : The effects of expectations of co-worker performance. *Journal of Personality and Social Psychology*, **61**, 570–581.
Witte, E. (1989). Köhler rediscovered : The anti-Ringelmann effect. *European Journal of Social Psychology*, **19**, 147–154.
Zaccaro, S., Blair, V., Peterson, C., & Zazanis, M. (1995). Collective efficacy. In J. E. Maddux (Ed.), *Self-efficacy, adaptation, and adjustment*. NY : Plenum Press. pp. 305–327.
Zajonc, R.B. (1965). Social facilitation. *Science*, **149**, 269–274.

第5章

Davis, J. H. (1973). Group decision and interaction : A theory of social decision schemes. *Psychological Review*, **80**, 97–125.
Esser, J. K. (1998). Alive and well after 25 years : A review of groupthink research. *Organizational Behavior and Human Decision Processes*, **73**, 116–141.
Folger, R. (1977). Distributive and procedural justice : Combined impact of "voice" and improvement on experienced inequity. *Journal of Personality and Social Psychology*, **35**, 108–119.

Psychology, **44**, 78–94.
Latané, B., Williams, K., & Harkins, S. (1979). Many hands make light the work : The cause and consequences of social loafing. *Journal of Personality and Social Psychology*, **37**, 822–832.
Laughlin, P. R., & Shippy, T. A. (1983). Collective induction. *Journal of Personality and Social Psychology*, **45**, 94–100.
Laughlin, P. R., Vanderstoep, S. W., & Hollingshead, A. B. (1991). Collective versus individual induction : Recognition of truth, rejection of error, and collective information processing. *Journal of Personality and Social Psychology*, **61**, 50–67.
Mullen, B., Johnson, C., & Salas, E. (1991). Productivity loss in brainstorming groups : A meta-analytic integration. *Basic and Applied Social Psychology*, **12**, 3–23.
Okada, T., & Simon, H. A. (1997). Collective discovery in scientific domain. *Cognitive Science*, **21**, 109－146.
Osborn, A. F. (1957). *Applied imagination*. Rev. ed. NY : Scribners.
(オズボーン, A. F. 上野一郎 (訳) (1958). 独創力を伸ばせ　ダイヤモンド社)
Sawyer, K. (2007). *Group genius*. Basic Books.
(ソーヤー, K. 金子宣子 (訳) (2009). 凡才の集団は孤高の天才に勝る――「グループ・ジーニアス」が生み出すものすごいアイデア――　ダイヤモンド社)
Shaw, H. E. (1932). A comparison of individuals and small groups in the rational solution of complex problems. *American Journal of Psychology*, **44**, 491–504.
Steiner, I. (1972). *Group process and productivity*. NY : Academic Press.
Stroebe, W., & Diehl, M. (1994). Why groups are less effective than their members : On productivity losses in idea-generating groups. In W. Stroebe, & M. Hewstone (Eds.), *European review of social psychology*. Vol.5. West Sussex, UK : John Wiley & Sons. pp. 271–304.
Stroebe, W., Diehl, M., & Abakoumkin, G. (1996). Social compensation and the Köhler effect : Toward a theoretical explanation of motivation gains in group productivity. In E. Witte, & J. Davis (Eds.), *Understanding group behavior : Consensual action by small group*. Vol.2. Mahwah, NJ : Erlbaum.

第4章

Bandura, A. (1989). *Social cognitive theory*. Englwoodcliffs, NJ : Erlbaum.
Bandura, A. (2000). Exercise of human agency through collective efficacy. *Journal of American Psychological Society*, **9**, 75–78.
Brickner, M. A., Harkins, S. G., & Ostrom, T. A. (1986). Effects of personal involvement : Thought-provoking implications for social loafing. *Journal of Personality and Social Psychology*, **51**, 763–769.
Diehl, M., & Stroebe, W. (1987). Productivity loss in brainstorming groups : Toward the solution of a riddle. *Journal of Personality and Social Psychology*, **53**, 497–509.
Diehl, M., & Stroebe, W. (1991). Productivity loss in idea-generating groups : Tracking down the blocking effect. *Journal of Personality and Social Psychology*, **61**, 392–403.
Hertel, G., Kerr, N., & Messe, L. A. (2000). Motivation gains in performance groups : Paradigmatic and theoretical developments on the Köhler effect. *Journal of Personality and Social Psychology*, **79**, 580–601.
Hill, G. W. (1982). Group versus individual performance : Are N+1 heads better than one? *Psychological Bulletin*, **91**, 517–539.
本間道子 (1996). ブレーンストーミング集団における生産性の再検討　心理学評論, **39**, 252–272.
Homma, M., Tajima, K., & Hayashi, M. (1995). The effects of misperception of performance in brainstorming groups. 実験社会心理学研究, **34**, 221–231.
本間道子・草野敦子・千葉朋子 (2005). 集団成果に影響を及ぼす集合効力感の効果――スポーツチームを対象に――　日本女子大学紀要人間社会学部, **15**, 41–57.
Ingham, A., Levinger, G., Graves, J., & Peckham, V. (1974). The Ringelmann effect : Studies of group size and group performance. *Journal of Experimental Social Psychology*, **10**, 371–384.
Karau, S., & Williams, K. D. (1993). Social loafing : A meta analytic review and theoretical integration. *Journal of Personality and Social Psychology*, **65**, 681–706.
Kerr, N., & Brunn, S. (1983). Dispensability of member effort and group motivation losses : Free-rider effects. *Journal of Personality and Social*

永田良昭（1980）．集団規範への同調および逸脱を規定する要因としての地位について　心理学研究，**51**，152–159.
大野俊和（1996）．被害者への否定的評価に関する実験的研究――「いじめ」被害者を中心として――　実験社会心理学研究，**36**，230–239.
Pruitt, D. G., & Kimmel, M. J. (1977). Twenty years of experimental gaming : Critique, synthesis, and suggestions for the future. *Annual Review of Psychology*, **28**, 363–392.
Rosenbaum, M., Moore, D. L., Cotton, J. L., Cook, M. S., Hieser, R. A., Shover, M. N., & Gray, M. (1980). Group productivity and process : Pure and mixed reward structure and task interdependence. *Journal of Personality and Social Psychology*, **39**, 626–642.
Schachter, S. (1951). Deviation, rejection and communication. *Journal of Abnormal and Social Psychology*, **46**, 190–207.
Stangor, C. (2004). *Social groups in action and interaction*. NY : Psychology Press.
Steiner, I. D. (1972). *Group process and productivity*. NY : Academic press.
Sutton, J., & Smith, P. K. (1999). Bullying as a group process : An adaptation of the participant role approach. *Aggressive Behavior*, **25**, 97–111.
鈴木康平・田口広明・田口恵子（1992）．いじめに対する認識の発達社会心理学的研究――いじめ根絶視と「いじめ―いじめられ」の当事者に対する認知の観点から――　熊本大学教育学部紀要，**41**，213–226.
Turner, J. C. (1981). The experimental social psychology of intergroup behaviors. In J. C. Turner, & H. Giles (Eds.), *Intergroup behavior*. Oxford, UK : Blackwell.
Wolf, S., & Latané, B. (1983). Majority and minority influence on restaurant preferences. *Journal of Personality and Social Psychology*, **45**, 282–292.
山岸俊男（1989）．社会的ジレンマ研究の主要な理論的アプローチ　心理学評論，**32**，282–294.
Yamagishi, T., & Sato, K. (1986). Motivational bases of the public goods problem. *Journal of Personality and Social Psychology*, **50**, 67–73.
Zimbardo, P. (2007). *The lucifer effect : Understanding how good people turn evil*. NY : Random House.

Judge, J. A., Bono, J. E., Ilies, R., & Gerhardt, M. W. (2002). Personality and leadership : A qualitative and quantitative review. *Journal of Applied Psychology*, **87**, 765−780.

Komorita, S. S., Parks, C. D., & Hulbert, L. G. (1992). Reciprocity and the induction of cooperation in social dilemmas. *Journal of Personality and Social Psychology*, **62**, 607–617.

Latané, B., & Wolf, S. (1981). The social impact of majorities and minorities. *Psychological Review*, **88**, 438–453.

Maass, A., & Clark, R. D. (1986). Conversion theory and simultaneous majority/minority influence : Can reactance often an alternative explanation ? *European Journal of Social Psychology*, **16**, 305–309.

Mackie, D., & Cooper, J. (1984). Attitude polarization : Effect of group membership. *Journal of Personality and Social Psychology*, **46**, 575–585.

Marques, J. M., Yzerbyt, V. Y., & Leyens, J. (1988). The black sheep effect : Extremity of judgements towards ingroup members as an function of group identification. *European Journal of Social Psychology*, **18**, 10–16.

正高信男 (1998). いじめを許す心理　岩波書店

Meindl, J. R. (1995). The romance of leadership as a follower-centric theory : A social constructionist approach. *Leadership Quarterly*, **6**, 329–341.

Milgram, S. (1974). *Obedience to authority : An experimental view*. NY : Harper & Row.

(ミルグラム, S. 岸田　秀 (訳) (1975). 服従の心理――アイヒマン実験――　河出書房新社)

Milgram, S., Bickman, L., & Berkowitz, L. (1969). Note on the drawing power of crowds of different size. *Journal of Personality and Social Psychology*, **13**, 79–82.

三隅二不二 (1966). 新しいリーダーシップ――集団指導の行動科学――　ダイヤモンド社

Moscovici, S., Lage, E., & Nafferchoux, M. (1969). Influence of a consistent minority on the responses of majority in a color task. *Sociometory*, **12**, 365–380.

Moscovici, S., & Lage, E. (1976). Studies in social influence : V. Majority vs. minority influence in group. *European Journal of Social Psychology*, **6**, 149–174.

Milgram. NY : A Member of the Perseus Books Group.
Dawes, R. M. (1988). *Rational choice in uncertain world*. San Diego, CA : Harcourt Brace Jovanovich.
Deutch, M. (1949). A theory of cooperation and competition. *Human Relations*, **2**, 129–152.
Deutch, M., & Gerard, H. B. (1955). A study of normative and informational social influence upon individual judgment. *Journal of Abnormal and Social Psychology*, **51**, 629–636.
Fiedler, F. E. (1965). A contingency model of leadership effectiveness. In L. Berkowitz (Ed.), *Advances in experimental social psychology*. Vol. 1. NY : Academic Press.
French, J. R. P. Jr., & Raven, B. (1959). The bases of social power. In D. Cartwright (Ed.), *Studies in social power*. Ann Arbor, MI: Institute for Social Research.
Gerard, H. B., Wilhelmy, R. A., & Conolley, E. S. (1968). Conformity and group size. *Journal of Personality and Social Psychology*, **76**, 129–142.
Gini, G., Pozzoli, T., Borghi, F., & Franzoni, L. (2008). The role of bystanders in students' perception of bulling and sense of safety. *Journal of School Psychology*, **46**, 617–638.
Graen, G. B., & Uhl-Bien, M. (1995). Relationship-based approach in leadership : Development of leader-member exchange (LMX) theory of leadership over 25 years : Applying a multi-level multi-domain perspective. *Leadership Quarterly*, **6**, 219–247.
Hardin, G. (1968). The tragedy of the commons. *Science*, **162**, 1243–1248.
Hersey, P., & Blanchard, K. H. (1982). *Management of organized behavior*. 4th ed. Upper Saddle River, NJ : Prentice Hall.
Hewstone, M., Stroebe, W., & Jonas, K. (2008). *Introduction to social psychology*. 4th ed. Oxford, UK : Blackwell.
Hogh, A., & Dofradottir, A. (2001). Coping with bulling in the workplace. *European Journal of Work and Organizational Psychology*, **10**, 485–495.
Hollander, E. P. (1958). Conformity, status, and idiosyncrasy credit. *Psychological Review*, **65**, 117–127.
本間道子・杉本久美子 (1998). 認知的動機的方略としてのブラックシープ効果　東京都立大学人文学部紀要, **288**, 131–152.

pp.137–192.
Mudrack, P. E. (1989). Defining group cohesiveness : A legacy of confusion. *Small Group Behavior*, **20**, 37–49.
Mullen, B., & Copper, C. (1994). The relation between group cohesiveness and performance : An integration. *Psychological Bulletin*, **115**, 210–227.
Sherif, M. (1936). *The psychology of social norms*. NY : Harper & Row.
Sherif, M., & Sherif, C. W. (1969). *Social psychology*. NY : Harper &Row.
Stokes, L. P. (1983). Component of group cohesion : Intermember attraction, instrumental value. *Small Group Behavior*, **14**, 163–173.
Tuckman, B. W. (1965). Developmental sequences in small groups. *Psychological Bulletin*, **63**, 384–399.
Tuckman, B. W., & Jensen, M. A. C. (1977). Stages of small group development revisited. *Group and Organizational Studies*, **2**, 419–427.
Yukelson, D., Weinberg, R., & Jackson, A. (1984). A multidimensional group cohesion instrument for intercollegiate basketball teams. *Journal of Sport Psychology*, **6**, 103–117.
Zimbardo, P. (2007). *The lucifer effect : Understanding how good people turn evil.* NY : Random House Trade Paperbacks.

第3章

Argyle, M. (1991). *Cooperation, the basis of sociability*. London, UK : Routledge.
Asch, S.E. (1955). Opinions and social pressures. *Scientific American*, **193** (5), 31–35.
Axelrod, R. (1984). *The evolution of cooperation*. NY : Basic Press.
(アクセルロッド，R. 松田裕之（訳）(1998). つきあい方の科学——バクテリアから国際関係まで—— ミネルヴァ書房)
Bass, B. M. (1990). From transactional to transformation leadership : Learning to share the vision. *Organizational Dynamics*, **18**, 19–36.
Bass, B. M., & Riggio, R. E. (2006). *Transformational leadership*. 2nd ed. Mahwah, NJ : Lawrence Erlbaum Associates Publishers.
Blass, T. (1999). The Milgram paradigm after 35 years : Some things we now know about obedience to authority. *Journal of Applied Social Psychology*, **29**, 955–978.
Blass, T. (2004). *The man who shocked the world : The life and legacy of Stanley*

status of aggregate of persons as social entities. *Behavioral Science*, **3**, 14–25.

Choi, H. S., & Levine, J. M.（2004）. Minority influence in work teams : The impact of newcomers. *Journal of Experimental Social Psychology*, **40**, 273–280.

Cialdini, R. B., Reno, R. R., & Kallgren, C. A.（1990）. A focus theory of normative conduct : Recycling the concept of norms to reduce littering in public place. *Journal of Personality and Social Psychology*, **58**, 1015–1026.

Festinger, L.（1954）. Theory of social comparison processes. *Human Relations*, **7**, 117–140.

Festinger, L., Schachter, S., & Back, K.（1950）. *Social pressures in informal groups*. NY : Harper.

Hogg, M. A.（1992）. *The social psychology of group cohesiveness*. UK : Harvester Wheatsheaf.
（ホッグ, M. A. 廣田君美・藤澤　等（監訳）（1994）. 集団凝集性の社会心理学――魅力から社会的アイデンティティへ――　北大路書房）

Gerard, H. B., & Mathewson, G. C.（1966）. The effects of severity of initiation on liking for a group. *Journal of Experimental Social Psychology*, **2**, 278–287.

Gully, S. M., Devine, D. J., & Whitney, D. J.（1995）. A meta-analysis of cohesion and performance : Effect if level of analysis and task performance. *Small Group Research*, **26**, 497–520.

Jackson, J. M.（1960）. Structural characteristics of norms. In G. E. Jensen（Ed.）, *Dynamics of instructional groups*. IL : University of Chicago Press.
（全米教育学会（編）末吉悌次・片岡徳雄・森しげる（訳）（1967）. 学習集団の力学　黎明書房）

Levine, J. M., & Moreland, R. L.（1994）. Group socialization : Theory and research. In W. Stroebe, & M. Hewtone（Eds.）, *European review of social psychology*. Vol.5. UK : John Wiley Sons. pp. 305–336.

Lodewijkx, H. F. M., & Syroit, J. E. M.（1997）. Severity of initiation revisited : Does severity of initiation increase attractiveness in real groups ? *European Journal of Social Psychology*, **27**, 275–300.

Moreland, R. L., & Levine, J. M.（1982）. Socialization in small groups : Temporal changes in individual-group relations. In L. Berkowitz（Ed.）, *Advances in experimental social psychology*. Vol.15. NY : Academic Press.

引用文献

はじめに・第1章

Allport, F. H. (1924). *Social psychology*. Boston, MA : Houghon Mifflin.

Asch, S. E. (1952). *Social psychology*. Englwood Cliffs, NJ : Prentice Hall.

Brown, R. (2000). *Group process*. 2nd ed. Oxford, UK : Blackwell Publisher.

Cartwright, D., & Zander, A. (Eds.) (1958). *Group dynamics*. NY : Row, Peterson & Co.
(カートライト, D. ザンダー, A. 三隅二不二（訳編）(1959). グループダイナミックス　誠信書房)

Forsyth, D. R. (2006). *Group dynamics*. 4th ed. Belmont, CA : Thompson Wadsworth.

本間道子（編著）(2007). 組織性逸脱行為過程——社会心理学的視点から—— 多賀出版

Reicher, S. D. (1984). The St Pauls riot : An explanation of the limits of crowd action in terms of a social identity model. *European Journal of Social Psychology*, **14**, 1–21.

Tajfel, H. (1981). *Human groups and social categories*. Cambridge, UK : Cambridge University Press.

Tajfel, H., & Turner, J. L. (1986). The social identity of intergroup behavior. In S. Worchel, & W. G. Austin (Eds.), *Psychology of intergroup relations*. 2nd ed. Chicago, IL : Prentice Hall.

第2章

Bales, R. F. (1950). *Interaction process analysis : A method for the study of small groups*. Readings, MA : Addison Wesley.

Berkowitz, L. (1954). Group standards, cohesiveness and productivity. *Human Relations*, **7**, 509–519.

Burke, P. J. (1967). The development of task and social-emotional role differentiation. *Sociometry*, **30**, 379–392.

Campbell, D. T. (1958). Common fate, similarity, and other indices of the

著者略歴

本間《ほんま》　道子《みちこ》

1964年　日本女子大学文学部卒業
1970年　東京都立大学大学院人文科学研究科博士課程単位取得退学
　　　　日本女子大学教授を経て
現　在　日本女子大学名誉教授　博士（心理学）

主要編著書

『過密への挑戦――プロクセミックスとはなにか』（講談社，1981）
『組織性逸脱行為過程――社会心理学的視点から』（編著）（多賀出版，2007）
『自己意識的感情の心理学』（分担執筆）（北大路書房，2009）
『なぜ女性管理職は少ないのか――女性の昇進を妨げる要因を考える』（分担執筆）（青弓社，2019）

セレクション社会心理学－26
集団行動の心理学
——ダイナミックな社会関係のなかで——

2011 年 9 月 25 日 © 初 版 発 行
2021 年 2 月 10 日 初版第 5 刷発行

著 者 本 間 道 子
発行者 森 平 敏 孝
印刷者 中 澤 眞
製本者 松 島 克 幸

発行所 株式会社 サ イ エ ン ス 社
〒151-0051 東京都渋谷区千駄ヶ谷 1 丁目 3 番25号
営業☎(03)5474-8500㈹ 振替 00170-7-2387
編集☎(03)5474-8700㈹
FAX☎(03)5474-8900

印刷 (株)シナノ 製本 松島製本
《検印省略》

ISBN978-4-7819-1287-5

PRINTED IN JAPAN

サイエンス社のホームページのご案内.
http://www.saiensu.co.jp
ご意見・ご要望は
jinbun@saiensu.co.jp まで.